Eine Jugend im Nationalsozialismus: Günter Lucks ist ein Junge wie viele damals, tauscht Zigarettenbilder mit Schulkameraden, hilft der Tante im Gemüseladen, wird kinderlandverschickt, lässt sich von der Hitlerjugend ködern, hört heimlich BBC und beginnt mit 14 eine Lehre bei der Post. Selbst die ersten Luftangriffe auf die Heimatstadt Hamburg bereichern noch den jugendlichen Alltag im proletarisch geprägten Osten der Hansestadt: Jetzt gibt es auch Bombensplitter zum Tauschen. Doch dann kommt der Juli 1943 und der Krieg kehrt mit aller Macht in das Land seiner Verursacher zurück: In einem bis dahin nie gekannten Inferno vernichten die Großangriffe der Alliierten weite Teile der Stadt. Sein älterer Bruder Hermann rettet ihm erst das Leben und stirbt dann selbst in der Feuerglut.

In diesem Buch schildert Günter Lucks mit Harald Stutte die zehn Tage der Angriffe aus der persönlichen Sicht eines der letzten lebenden Zeitzeugen: die Nächte im Luftschutzkeller, die Tage nach den Angriffen, die Zerstörung des Wohnhauses der Familie, traumatisierende Erlebnisse, die aber ein ganzes Leben prägten.

Günter Lucks, Jahrgang 1928, war nach der Ausbildung bis 1955 bei der Post tätig. Danach arbeitete er im graphischen Gewerbe, ab 1962 bis zur Rente im Axel Springer Verlag. Dort war er lange Jahre Betriebsrat. Er lebt in Hamburg.

Harald Stutte, Jahrgang 1964, studierte Politik und Geschichte. Er arbeitet als Redakteur im Medienverlag RedaktionsNetzwerk Deutschland. Texte von ihm sind in überregionalen Zeitungen wie der «Süddeutschen Zeitung» oder der «Welt am Sonntag» erschienen.

Günter Lucks
Harald Stutte

ZEHN TAGE IM JULI

Wie ich den Bombenkrieg
auf Hamburg überlebte

Rowohlt Taschenbuch Verlag

Lektorat Frank Strickstrock
Originalausgabe
Veröffentlicht im Rowohlt Taschenbuch Verlag,
Hamburg, April 2020
Copyright © 2020 by Rowohlt Verlag GmbH, Hamburg
Covergestaltung zero-media.net, München
Coverabbildung ullstein bild – LEONE
Karten Peter Palm
Satz aus der Swift
bei Pinkuin Satz und Datentechnik, Berlin
Druck und Bindung GGP Media GmbH, Pößneck, Germany
ISBN 978-3-499-00093-5

Inhalt

Vorwort

Die Toten sind unter uns Lebenden. In Wahrheit haben sie uns nie verlassen. Wenn ich durch das Gewerbegebiet in Hamburgs Stadtteil Hammerbrook gehe, entlang der Klinkerfassaden von Rothenburgsort oder Hamm, dann sehe ich die Bilder jener Nacht im Juli 1943. Ich sehe die von Tausenden Brandherden in rotes Licht getauchte nächtliche Stadt. Ich spüre die unerträgliche Hitze dieses Orkans, der durch die Straßenschluchten von Hammerbrook faucht. Ich höre sein markerschütterndes Heulen. Es klang, als hämmere da jemand alle Tasten einer Kirchenorgel gleichzeitig, ein Jaulen, das die Schreie der Menschen übertönte. Ich sehe die Menschen, die um ihr Leben durch den Feuersturm laufen, stürzen, liegen bleiben, im brüllend heißen Atem dieser infernalischen Bombennacht auf halbe Körpergröße schrumpfen. Ich sehe Menschen, die in Lachen aus flüssig gewordenem Straßenasphalt rennen, darin stecken bleiben und qualvoll sterben.

Plötzlich ist es wieder da, das Krachen einstürzender Fassaden. Und ich erinnere mich, wie angesichts dieser elementaren Bedrohung unbekannte, auf das nackte Überleben ausgerichtete Instinkte die Regie über mein Ich übernahmen. Wie ich unwillkürlich Dinge tat, ohne zu wissen, warum, die mein Leben gerettet haben. Wie ich zum Beispiel mit aufgerissenem Mund nach Sauerstoff lechzend inhalierte, was an halbwegs kühler Luft nur noch in den Ritzen des Kopfsteinpflasters der Straße zu finden war. Keuchend kroch ich am Boden herum, weil sich erst meine Nase, dann mein Mund dieser unerträglichen heißen Luft verweigerte. Und ich erinnere mich, wie ich zusammen mit einem mir völlig fremden, uralten Mütterlein – vielleicht wirkte die Frau auch nur so alt? –, wie wir beide aneinandergepresst, diesen Menschenfallen aus Flüssigasphalt ausweichend, durch diese brennenden Straßenschluchten taumelten. Eine schier endlos scheinende Zeit für die nicht einmal tausend Meter Wegstrecke benötigten, die unser zerstörtes Wohnhaus vom rettenden, weil glücklicherweise intakt gebliebenen Schulgebäude in der Norderstraße trennten.

Die Toten dieser Nacht – sie sind für immer unter uns Lebenden. Sie besuchen meine Träume, sie sind in meinen Erinnerungen, auf den Fotos, in den Gesprächen, auch in den Büchern, die ich heute schreibe. In Wahrheit ist mein geliebter Bruder nie von mir gegangen. Hermann, 14 Monate älter als ich, ist für alle Ewigkeit 15 Jahre jung geblieben. Er starb in den ersten Stunden des noch jungen 28. Juli, zwei Tage vor seinem 16. Geburtstag. Unser letzter gemeinsamer Moment, festgehalten in meinem Gedächtnis und in einer Endlos-Wiederholung tausend Mal wiedergegeben. Wie in einem Film, in dem ich als Komparse nur eine Nebenrolle spiele, sehe ich, wie mich Hermann vom Dachboden unseres brennenden Hauses über das Treppenhaus in den noch intakten Eingangsbereich im Parterre trägt. Ich hatte kurz zuvor die Besinnung verloren, weil eine brennende Holzwand eingestürzt war und ich mir reflexhaft die «Volksgasmaske» vom Gesicht gerissen hatte. Ich erinnere mich noch genau, wie heiß sich das flüssig gewordene Gummi der Maske an meinem Hals anfühlte, ich rieche die stechend-toxischen Gase des von den Brandbomben entfachten Feuers, das sich längst im Gebälk unseres Dachbodens ausgebreitet hatte. Bis zu dieser Nacht vom 27. auf den 28. Juli 1943 ist Hermann für mich mein großer Bruder gewesen, der die Rolle unserer abwesenden Eltern übernommen hatte. Zu ihm hatte ich aufgeblickt, ihm vertraute ich, er hatte mich beschützt, wenn mich zum Beispiel größere Jungs bedroht hatten.

Doch in dieser Nacht, die ihn für immer verschlucken sollte, war Hermann in meinen Augen zu einer Art Übermensch geworden, wenn ihm das auch lediglich für die Dauer weniger Stunden vergönnt war. Es ist verrückt: Doch im Angesicht des Untergangs zeigte er sich mir von einer völlig neuen Seite. Von einer unergründlichen Energie getrieben sehe ich ihn bis heute, wie er half, wie er unter dem Eindruck der Katastrophe selbstlos Rettungsmaßnahmen organisierte und in Panik geratene Menschen, viel älter als er und ich, beruhigte und ermutigte.

Wie er mich dann zurückließ, mit dem festen Versprechen, Hilfe zu holen und schnell zurückzukommen. Heute, 76 Jahre später, weiß ich, dass es der Moment meines Lebens war, der mich am deutlichsten geprägt, vermutlich auch traumatisiert hat. Ich war in diesem Moment nicht fähig, ihm zu widersprechen, ihn zu halten, obwohl ich ahnte, dass er im Begriff war, einen schweren Fehler zu begehen. «Du bleibst hier liegen, ich hole Hilfe!» Und dann rannte er hinaus, rannte in diese Nacht, in der der

Hamburger Osten einem Meer aus Lava glich. Es war das erste Mal, dass Hermann nicht Wort gehalten hat, nicht Wort halten konnte. Er kam nie zurück. Seine Spur verliert sich in dieser Nacht des Schreckens. Auch mir wurde das beinahe zum Verhängnis, denn ich blieb und wartete eine gefühlte Ewigkeit lang auf ihn, während über mir das Haus brannte.

Ich bin kein Historiker, ich erhebe nicht den Anspruch auf eine exakte, detailgetreue Wiedergabe der Ereignisse vom Juli 1943, jenes Bombeninfernos, das als «Operation Gomorrha» oder «Hamburger Feuersturm» in die Geschichtsbücher eingegangen ist. Über den Untergang der Hansestadt sind bis heute viele Bücher erschienen, nahezu jedes Detail dieser zehn Tage im Juli 1943 scheint inzwischen aufgearbeitet zu sein.

Dieses Buch soll nicht viel mehr leisten, als unsere Geschichte zu erzählen, die Geschichte von zwei Jungen, die sich in jenen Tagen und Nächten im Zielgebiet der «Operation Gomorrha» aufhielten, des bis dahin schwersten konventionellen Bombardements einer zivilen Stadt, das schätzungsweise 35 000 Menschenleben kostete. Das Todesurteil meines Bruders war wohl bereits am 27. Mai 1943 vom Oberbefehlshaber des Bomber Command der Royal Air Force, der Luftstreitkräfte des Vereinigten Königreichs Großbritannien und Nordirland unterzeichnet worden, so weiß man heute. Vier Wörter waren es, die unter Punkt 4 auf dem streng geheimen Einsatzbefehl Nr. 173 das Vorhaben in kalter Präzision umrissen: «Intention: To destroy Hamburg.» Übersetzt bedeutet das: Absicht: Hamburg zu zerstören.

Das klingt kalt und unmenschlich. Ich glaube aber nicht, dass Arthur Harris ein schlechter Mensch war, gar ein Mörder. Vielmehr tat der «Commander in Chief of Royal Air Force Bomber Command» das, was man damals von ihm erwartete: ein in seiner Existenz bedrohtes Land, nach Frankreichs Kapitulation 1940 das letzte Bollwerk der Alliierten gegen die Nazis, mit allen Mitteln zu verteidigen. Und diesem fanatischen, zu allem entschlossenen Feind einen größtmöglichen Schaden zuzufügen. Hitlers Krieg hatte keine «ethischen Standards», vom ersten Tag an waren alle Regeln außer Kraft gesetzt. Die Alliierten ließen sich darauf ein. Und die Aufgabe von Harris war es, dem Nazi-Reich maximal zu schaden, also seine Städte zu zerstören. Der 15-jährige Hermann Lucks hatte in diesen Überlegungen keinen Platz. Der kalten und zeitlosen Logik von Kriegen folgend.

Damals war Arthur Harris ein im Vereinigten Königreich gefeierter Mann. Schon nach dem Krieg war er es nicht mehr. Ihm wurde ein ehrenhaftes Gedenken verwehrt. Und das ist eine gute Entwicklung, weil sie zeigt, dass eine neue Zeit begonnen hatte. Aus dem Helden Harris wurde im Großbritannien der Nachkriegszeit das «Monster des Bomber Command». Seinen Piloten wurden Orden verweigert, das Land setzte auf eine «Kampagne des Vergessens». Schlimm ist nicht allein die Tatsache, dass es zu allen Zeiten Militärs gab und gibt, die ihr tödliches Handwerk mit solch kalter Perfektion verstehen wie Luftmarschall Sir Arthur Harris. Schlimm ist es, dass es Situationen gibt, in denen die kalte Logik dieser Militärs die Maximen des Handelns diktieren. Und diesen Krieg haben nicht die Briten begonnen.

Es liegt mir fern, die Ereignisse vom Juli 1943 und ihre Vorgeschichte zu bewerten, ich möchte auch nicht anklagen, weder historisch einordnen noch relativieren. Ich möchte unsere Geschichte erzählen, weil wir nur dann aus unserer Vergangenheit lernen können, wenn wir uns ihr stellen. Seit Jahren bin ich ehrenamtlich in der «Hamburger Zeitzeugenbörse» aktiv, besuche außerdem zusammen mit meinem Koautor Harald Stutte Schulen und erzähle von Krieg und Nazi-Zeit. Die Reaktionen der jungen Menschen sind bemerkenswert. Ich spüre eine große Neugier, ein Interesse an meinen Erlebnissen. Da erreichen mich Fragen von Teenagern, denen man auf den ersten Blick nicht zutrauen würde, dass sie sich für Geschichte interessieren. Und das stimmt mich zuversichtlich. Womöglich gehöre ich ja doch der letzten Generation Deutschlands an, die einen Krieg erleiden musste.

Meine Geschichte spielt zwar in Hamburg, doch sie könnte sich auch im spanischen Guernica, im englischen Coventry, im japanischen Hiroshima, im früheren Leningrad, in Vietnam, Afghanistan, in Tschetschenien oder in Syrien zugetragen haben. Oder überall dort, wo gewöhnliche Menschen in die Mühlen des Krieges geraten sind.

Ich fand es bemerkenswert, wie Hamburg nach dem Krieg mit dem erlittenen Leid umgegangen ist. Obwohl Hamburg die höchste Zahl an zivilen Opfern aller deutschen Städte zu beklagen hatte und 53 Prozent seines Wohnraums verloren hat, hat man die Zerstörung von 1943 nach dem Krieg nie politisch instrumentalisiert. Die Stadt gefiel sich nie in der Rolle permanenter Mahnung oder eines Opferkultes.

Und das, obwohl die Ruinen von Hammerbrook, Rothenburgsort oder Hamm die vermutlich größten Friedhöfe dieser Stadt ohne Grabsteine waren. Den Nährboden für neuen Hass zumindest bildeten sie nie. Vielleicht ist Hamburgs Umgang mit dem Unrecht auch «hanseatisch» – worunter man ja weitläufig Verlässlichkeit, Anständigkeit, Fairness versteht. Wenn Hamburg bereits vor dem Krieg die vermutlich «britischste Stadt» Deutschlands war, so ist sie es bis heute geblieben, trotz «Gomorrha», das diese enge Bindung zu unserem Nachbarn nicht zu zerstören vermochte.

Es ist nicht allein das typische Schmuddelwetter, das wir Hamburger mit der 700 Kilometer weiter westlich gelegenen britischen Hauptstadt teilen. Ab dem 19. Jahrhundert war es eine Selbstverständlichkeit, dass Hamburger Kaufmannssöhne für einen längeren Zeitraum «rüber» in die englische Welt geschickt wurden. Bei ihrer Rückkehr importierten sie nicht unwesentliche Teile englischer Lebensart in die Heimat – vom «Klubwesen» bis hin zu den «englischen Sportarten» wie Hockey, Rudern, Golf oder Polo. Die Nazis vermochten nicht zu unterbinden, dass die sogenannte Swing-Jugend, die sich auch «Swing Boys» nannte und Benny Goodman und Duke Ellington hörte, während der NS-Zeit von allen Städten des Reiches in Hamburg am aktivsten war, sodass sich die NS-Gauleitung genötigt sah, viel drastischer als in anderen Städten vorzugehen. Viele der jungen Rebellen, die eigentlich nur tanzen wollten, wurden in Konzentrationslager eingewiesen.

Zu den britischen Einflüssen auf Hamburgs Geschichte gehört auch, dass sich der englische Architekt Gilbert Scott im 19. Jahrhundert mit dem Bau der St.-Nikolai-Kirche im Hamburger Stadtbild verewigte. Ebenjener späteren Haupt-

kirche, deren Turm dann im Juli 1943 zum Orientierungs-
punkt und zur Zielmarkierung für die britischen und amerikanischen Bomber werden sollte und heute ein Mahnmal
ist, gewidmet «den Opfern von Krieg und Gewaltherrschaft
zwischen 1933 und 1945». Zu den wohl glücklicheren
«britischen Momenten» Hamburgs zählt, dass auf der Reeperbahn mit den Beatles die moderne englische Popmusik
geboren wurde.

Der erste Deutschlandbesuch der englischen Königin
nach dem Krieg im Mai 1965 endete im Hamburger Hafen –
wo auch sonst? Die geradezu entfesselten Hanseaten ver-
abschiedeten Elisabeth II. und Prinz Philip, die auf ihrer
königlichen Yacht Britannia die Heimreise antraten. Zu
guter Letzt war es ein englischer Fußballer – nämlich Kevin
Keegan –, der den Hamburger Sport-Verein 1979 fast im
Alleingang zur ersten Bundesliga-Meisterschaft schoss. Es
ließen sich noch Dutzende anderer Beispiele finden.

Die Hamburger haben im Krieg Schlimmes erlebt. Sie
haben darauf nicht mit Bitterkeit und Trotz reagiert, sondern in der Nachkriegszeit die richtigen Schlüsse gezogen.
In der Bundesrepublik wurde Hamburg wieder zu der von
Toleranz und Weltläufigkeit geprägten Metropole, die es
jahrhundertelang gewesen war. Und das war keine Selbstverständlichkeit. Das Hamburg, das im Juli 1943 innerhalb
von zehn Tagen vier Mal von schweren und zwei Mal von
kleineren Bombenflotten attackiert und in seiner damaligen Form ausgelöscht wurde, war zu diesem Zeitpunkt
schon lange nicht mehr die Stadt, die mich in meiner Kindheit geprägt hatte. Das rote Hamburg, diese von sozialde-
mokratisch und kommunistisch gesinnten Arbeitern do-
minierte Welt im Osten der Hansestadt – dieses Hamburg

war bereits lange vor 1943 untergegangen. Diese Welt, in der man stolz darauf war, dass die prominentesten Köpfe der kommunistischen Bewegung des Reiches aus Hamburg kamen oder hier wirkten – Ernst Thälmann, Etkar André oder Fiete Schulze zum Beispiel –, ein Teil davon hatte sich nach 1933 beinahe widerstandslos den braunen Machthabern ergeben. Aus stolzen Proletariern, die Jahr für Jahr am 1. Mai auf die Moorweide gepilgert waren, um sich dort eine Art Schaulaufen zu liefern, ob in der Hansestadt Sozialdemokraten oder Kommunisten mehr Menschenmassen zu mobilisieren vermochten, wurden zum Teil Antisemiten und völkische Nationalisten, die ihre Welt nur noch von jenem Kapitalismus befreien wollten, der angeblich jüdische Wurzeln hatte. Aufmärsche wurden hier jetzt von den Nationalsozialisten organisiert. Und auf derselben Moorweide, gegenüber dem Dammtor-Bahnhof, richteten sie ab 1941 Sammelpunkte ein, von denen aus die Juden der Stadt in die Vernichtungslager im Osten deportiert wurden.

Hamburg war 1943 keine «unschuldige Stadt», so etwas gab es im NS-Staat nicht mehr. Allerdings war Hamburg eine Stadt, in der nicht automatisch jeder Schuld und Verantwortung für die monströsen Verbrechen trug, die im Namen des Nationalsozialismus begangen wurden. Und so gesehen, wurden auch wir Hamburger zu Opfern eines Krieges, den die Führung unseres Landes begonnen hatte.

Wer heute eine «erinnerungspolitische Wende um 180 Grad» fordert oder die Zeit des Nationalsozialismus als «Vogelschiss» in der deutschen Geschichte relativiert, verhöhnt die Opfer der Nazi-Diktatur, die Toten des Zweiten Weltkriegs und auch die im Juli 1943 umgekommenen

Hamburger. Hamburgs Untergang im Juli 1943 stellt kein isoliertes Ereignis dar, die Tragödie begann im Januar 1933 mit der Machtübernahme der Nationalsozialisten. Wer die kausalen Zusammenhänge leugnet, hat die eigene Geschichte nicht verstanden. Oder ignoriert sie. Und «wer sich nicht seiner Vergangenheit erinnert, ist dazu verdammt, sie zu wiederholen», hat der amerikanische Philosoph George Santayana einst geschrieben. Es wäre schön, wenn dieses Buch einen bescheidenen Beitrag dazu leisten könnte, die Wiederholung solch schrecklicher Ereignisse auszuschließen.

Günter Lucks, Harald Stutte im Januar 2020

Ein Kind des
Hamburger Ostens

«Mein Junge, das gibt Krieg.»

Mein Vater Hermann Friedrich August Lucks,
Kommunist, im Sommer 1939

Als Zehnjähriger geduldig in einem Klassenzimmer zu sitzen, während die Augustsonne den Raum mit Licht flutet, fällt schwer. Das ist heute so wie vor achtzig Jahren. Wir, 32 Jungen, saßen an diesem Sommertag im Jahr 1939 in der Volksschule am Roßberg im Hamburger Stadtteil Eilbek und brüteten über einem Aufsatz. Unser Klassenlehrer, Herr Schwinck, ein Hauptmann der Reserve, war zu einer militärischen Übung eingezogen worden. Es war der letzte Friedenssommer, doch der Krieg warf bereits drohend Schatten voraus. Das öffentliche Leben in Deutschland war weitgehend militarisiert.

Zu unserer großen Freude musste also Otto Lüthje für unseren Klassenlehrer einspringen. Lüthje war der stellvertretende Schulleiter, damals ein Mann in den späten Dreißigern, der noch heute vielen Hamburgern ein Begriff ist. Als Schauspieler und Meister plattdeutscher Mundart gehörte Otto Lüthje an der Seite von Heidi Kabel zum Ensemble des berühmten Ohnsorg-Theaters, welches damals noch «Niederdeutsche Bühne» hieß. In der Nachkriegszeit wurde er deutschlandweit einem großen Publikum bekannt. Wir Schüler mochten ihn, weil er als Lehrer schrei-

17

end komisch und stets freundlich war, sich darin von den «ollen Kommissköppen», den ehemaligen Soldaten also, unterschied.

An jenem Sommertag brüteten wir über einem Aufsatz, dessen Thema lautete: «Von der Sütterlin zur deutschen Normalschrift». Wir sollten beschreiben, warum die bis dahin in Büchern gedruckte «altdeutsche Schrift», offiziell hieß sie Fraktur- und gotische Schrift, im neuen deutschen Reich keinen Platz mehr hatte; die Nazis nannten sie auch verächtlich «Schwabacher Judenlettern». Ersetzt wurde sie damals durch die auf dem lateinischen Alphabet basierende Antiqua-Schrift, die noch heute verwendet wird. Die sogenannte «Arisierung» im NS-Staat machte nicht einmal vor der Schrift halt.

Ich saß neben meinem Freund Bruno, das Aufsatzthema interessierte uns nicht, unser Text kam über den ersten Absatz nicht hinaus. Was uns wirklich fesselte, lag auf unseren Knien unter der Schulbank: Wir blätterten in der neusten Ausgabe des «Adler», einer Illustrierten, die unter uns Jungen heiß begehrt war.

Der Titel faszinierte mich. Japanische Soldaten stürmten da einem unsichtbaren Feind entgegen, die Gewehre geschultert. Mit aggressiv verzerrten Gesichtern, die mitgeführte Kriegsflagge mit der roten, aufgehenden Sonne flatterte im Wind, wirbelten sie Staub auf. Daneben stand in japanisch-anmutenden Druckbuchstaben «Japan. Erste Luftmacht in Fernost». «Der Adler», das Heft war im März 1939 erstmals erschienen, war unter uns Jungen schnell sehr populär geworden. Und das lag daran, dass es aufwendig illustriert und bebildert wurde, also sehr modern anmutete. Diese dünnen Heftchen informierten über die neuesten Entwicklungen der Luftkriegstechnik und erzählten Heldengeschichten von Fliegerassen in Reportage-Format. Und der Himmel war damals der Raum, der unsere Phantasie beflügelte. Dort passierten die Dinge, die uns staunen ließen. Gleich zwei Mal waren 1939 die Geschwindigkeitsweltrekorde in der Luft gebrochen worden – natürlich von deutschen Piloten, die in ihren Heinkel- oder Messerschmitt-Maschinen mit weit über 700 km/h durch die Lüfte fegten.

Meine Freunde sammelten die im Zwei-Wochen-Rhythmus erscheinenden Ausgaben. Und ich beneidete sie darum, denn mein Vater verweigerte mir die 15 Pfennige, die jedes Heft kostete. Er hatte bis zur Machtergreifung durch die Nazis zum «kommunistischen Establishment» Hamburgs gehört, war lange Zeit bis zu dessen Verbot aktiv im «Roten Frontkämpferbund» gewesen, dem militanten Arm der Kommunistischen Partei. Nach 1933 hatte er sich in eine Art innere Emigration begeben; er mochte die Nazis nicht, fand sich aber mit dem Unvermeidlichen ab. Der um sich greifenden Militarisierung der deutschen Jugend widersetzte er sich auf seine Weise, indem er mir und meinem 14 Monate älteren Bruder Hermann zum Beispiel keine Nazi-Propaganda-Heftchen kaufte. Und auch gegen die Mitgliedschaft beim Jungvolk und in der Hitlerjugend, den Nachwuchsorganisationen der Nationalsozialisten, sperrte er sich lange. Meine Eltern hatten sich getrennt, als ich fünf Jahre alt war. Seitdem wohnten Hermann und ich bei meinem Vater und seiner neuer Freundin.

Otto Lüthje an seinem Pult war wohl gerade etwas eingenickt, da wurde die mittägliche Ruhe im Deutschunterricht jäh gestört. Ein langgezogener, anhaltender Ton, ein

Heulen bis dahin unbekannter Lautstärke flutete über den Roßberg und die umliegenden Straßen Eilbeks. Wir erschraken ob des Lärms. Der «Adler» segelte zu Boden. Wir Jungen guckten uns alle erschrocken an, mit der Ruhe im Klassenraum war es vorbei.

Der Lehrer war der Erste, der sich wieder gefasst hatte. «Beruhigt euch», rief er uns zu, «das ist eine dieser neuen Sirenen, die erprobt werden. Das werdet ihr jetzt öfter hören.»

Wie recht er doch haben sollte. «Für was sind die denn da?», fragte einer der Jungen.

«Es ist doch möglich, dass mal ein großes Feuer ausbricht. Die in der Nähe wohnenden Menschen können sich dann in Sicherheit bringen. Der Ton alarmiert auch die Feuerwehr», fügte Lüthje hinzu und versicherte uns: «Wir nehmen das Thema mal in den kommenden Wochen im Unterricht durch. Und jetzt schreibt weiter an euren Aufsätzen.»

Ich gab ein fast leeres Blatt ab.

In der Pause widmeten Bruno und ich uns wieder dem «Adler». Wir waren Experten im Erkennen der damaligen Kampfflugzeuge. Wir wussten alle technischen Details der neuen «Spaten-He» Heinkel 177, der JU-87 mit ihrem komischen, nicht einfahrbaren «Gamaschen-Fahrwerk» und des Stars der deutschen Luftwaffe, der pfeilschnellen Messerschmitt Me-109. «Der Adler» war für uns das, was für Jugendliche späterer Generationen die «Bravo» war. Wir hatten das Gefühl, dass es *unsere* Zeitschrift war, die gesammelt wurde und die Themen setzte, über die wir dann sprachen. Nur dass es eben, anders als in der «Bravo», nicht um Fragen der Pubertät oder um Musiktrends ging, sondern um Krieg. «Jungszeug» eben, was damals nicht ungewöhnlich war. Die im «Adler» geschilderten Augenzeugenberichte der Spanien- oder Eritrea-Kämpfer bildeten den Kontrast zu unserem Alltag in einer deutschen Großstadt. Und was sich am Boden oder auf dem Wasser abspielte, war längst zu langweilig geworden. Der technische Fortschritt am Himmel beflügelte unser Denken, unsere Phantasie. Da mochte sich mein Vater noch so mühen, das perfide System der Militarisierung der Jugend hatte mich längst infiziert.

«Papa, was ist eigentlich eine Risene?», fragte ich am Abend zu Hause.

«Eine was …?», fragte mein Vater zurück.

«Eine Risite», nahm ich einen neuen Anlauf, «so ein Ding, das so einen Lärm macht.»

Endlich begriff er, was ich meinte: «Ach, eine Sirene … Du musst mal in der Schule besser zuhören», sagte er.

Dann nahm er mich mit auf den Dachboden. Wir wohnten gegenüber unserer Schule, daneben war eine Kartonagenfabrik. Sirenen gab es natürlich schon längere Zeit in der Stadt, nur eben nicht in Eilbek.

Auf dem Dach der benachbarten Fabrik war das neuartige Ding erst vor kurzem installiert worden. Und weil es im Sommer länger hell ist, konnte man es auch noch deutlich erkennen. Es glich einem großen Pilz aus Metall. Als militärisch gut informierter Junge hatte ich aber eine andere Assoziation: «Das sieht ja aus wie der Stahlhelm eines englischen Soldaten auf einem Rohr», meinte ich belustigt. Mein Vater lachte. Doch er schien sich auch Sorgen zu machen. Er glaubte nicht, dass diese Sirenen nur für den Brandschutz installiert wurden. Wie viele Menschen ahnte er damals, dass etwas «in der Luft» lag – sprichwörtlich. Etwas, das mittelbar auch mit diesem «Stahlhelm auf Rohr», mit der Militarisierung der Gesellschaft zu tun hatte. «Mein Junge, das gibt Krieg», sagte er später, als wir wieder in der Küche saßen, sehr nachdenklich zu mir. «Hoffentlich fallen dann hier keine Bomben.»

Mein Bruder Hermann und ich – wir waren so etwas wie die menschliche Konkursmasse der gescheiterten Beziehung zweier Jungkommunisten, die einst die Welt verändern wollten. Aus heutiger Sicht weiß ich: Mein Vater Hermann Friedrich August Lucks, Jahrgang 1908, und meine gleichaltrige Mutter hatten viel zu früh geheiratet. Als meine Mutter schwanger wurde und sich beide zur Ehe entschlossen, waren sie Teenager. Sie träumten von der Revolution, von einer besseren Welt und waren weder willens noch fähig, sich bürgerlichen Dogmen wie Ehe und Familie zu unterwerfen. Kaum 20 Jahre jung, wurden sie Eltern. Diese Ehe scheiterte, als ich vier Jahre alt war, sie hat nicht einmal sieben Jahre lang gehalten. Für meine Eltern und für uns war es eine rabenschwarze Zeit. Die lange Arbeitslosigkeit meines Vaters, die politischen Aktivitäten in der Kommunistischen Partei, dann die ständig schwelende Drohung, von den NS-Machthabern eingesperrt zu werden – all das zerrte an ihren Nerven. Sie stritten sich ständig, wir Kinder litten darunter.

Meine Mutter Louise war eine schöne, auch etwas eitle, in jedem Fall aber emanzipierte und selbstbestimmte Frau. Im kommunistischen Milieu des Hamburger Ostens, das ich in meinem Buch «Der rote Hitlerjunge» detailliert schildere, war sie sogar eine lokale Prominente, bekannt als das «rote Lieschen». Was sich sowohl auf ihre roten Haare als auch auf ihre politische Überzeugung bezog. Ihre kommunistischen Ideale lebte sie selbstbewusst aus. Und dazu gehörte es eben auch, einen Mann zu verlassen, wenn man das Gefühl hatte, dass die Liebe zu ihm längst erloschen war.

Und so war sie 1934 zu ihrer neuen Liebe gezogen. Zu einem Genossen, der ausgerechnet ein Mitkämpfer meines Vaters aus dem zu diesem Zeitpunkt schon lange verbotenen Rotfrontkämpferbund war, dem paramilitärischen Arm der ebenfalls verbotenen Kommunistischen Partei. Helmut Kruschak hieß ihr «Neuer», den sie kurze Zeit später heiratete. Helmut genoss im roten Osten der Hansestadt eine Art Heldenstatus. Sein Markenzeichen war ein goldener Schneidezahn, der seinem Gesicht ein Alleinstellungsmerkmal gab. Der Goldzahn hatte sogar eine Geschichte, die natürlich etwas mit der damals allgegenwärtigen Gewalt der Straße, mit «Klassenkampf» zu tun hatte, wie man damals stolz erzählte. Während der zahllosen politischen Straßenkämpfe in den 20er Jahren hatte Helmut den Schlagstock eines Polizisten zu «schmecken bekommen», war also verdroschen worden. Sein Schneidezahn war abgebrochen. Für Jahre war da, sobald er den Mund öffnete, eine klaffende Lücke zu sehen. Den Besuch beim Zahnarzt konnte sich der Dauerarbeitslose nicht leisten. Diese «Investition» holte er aber nach, als er bei den Hamburger Klöckner-Motorenwerken Arbeit fand. Als Facharbeiter in Festanstellung gönnte er sich dann den Goldzahn, der zumindest meiner Mutter imponiert zu haben schien. Helmut war ein ehrlicher, freundlicher und obendrein kluger Mann. Weil meine Mutter als «Ehebrecherin» vom Familiengericht «schuldig» geschieden worden war, wurde ihr das Sorgerecht für uns verweigert. Hermann und ich lebten fortan bei meinem Vater, hielten aber stets Kontakt zu unserer Mutter.

Das familiäre Chaos, unter dem wir Kinder damals sehr litten, machte ich meiner Mutter aber nie zum Vorwurf. Ich war ein Kind des Hamburger Ostens. Und das ist mehr als eine geographische Ortsbestimmung. Der «rote Osten» Hamburgs stand bis tief in die 30er Jahre hinein für das bedeutendste und größte zusammenhängende, von den Arbeiterparteien SPD und KPD geprägte Proletariermilieu des Deutschen Reiches.

Mein Vater war mit seinen 1,68 Meter ein kleiner, dafür aber untersetzter und kräftiger Mann. Er hatte lediglich die Volksschule besucht und war schon früh im Jungsturm der KPD politisch aktiv gewesen. Im Alter von nur 15 Jahren gehörte er während des legendären Hamburger Aufstandes, der 1923 mindestens 100 Todesopfer forderte, als Fahrradkurier in Barmbek zum Stab der KPD-Legende Philipp Dengel, der für Verpflegung und Munition zuständig war. Das kommunistische, proletarische Umfeld prägte unsere Persönlichkeitsentwicklung und beherrschte unser Leben: Während andere Kinder zu Hause Kinder- oder Volkslieder lernten, sangen wir das «Lied vom kleinen Trompeter», «Dem Morgenrot entgegen» oder «Die Internationale».

Und während andere Eltern ihren Kindern so etwas wie Heimatliebe und Nationalstolz vermittelten, schwenkten wir zu jeder Gelegenheit kleine rote Fähnchen mit Hammer und Sichel. Zum Beispiel, wenn wir mit unseren Eltern zu den Aufmärschen der Kommunisten am 1. Mai auf der Hamburger Moorweide spaziert waren, was aber mit der Machtübernahme durch die Nazis endete. Quasi mit der

Muttermilch nahmen wir die kommunistischen Grundüberzeugungen auf: dass der «Klassenkampf» zwischen Arbeitern und Kapitalisten der gesellschaftliche Motor sei, dass man die «Ausbeutung» der Arbeiter durch die Fabrikbesitzer überwinden müsse, dass es alsbald gesetzmäßig zu einer «Revolution» komme und das Ziel des Kampfes unserer Leute das Entstehen einer kommunistischen Gesellschaft sei. Und dass es ein Land auf der Welt gebe, wo das bereits Realität sei: die Sowjetunion, das Arbeiterparadies.

Unsere Eltern verehrten keinen Gott, doch gab es gottgleiche Überväter, die hießen Karl Marx, Friedrich Engels und Wladimir Iljitsch Uljanow, auch Lenin genannt. Ihre Enzykliken bekamen unsere Eltern nicht vom Heiligen Vater, aber von den Vorsitzenden der maßgeblichen Kommunistischen Parteien – von Ernst Thälmann in Deutschland und Josef Stalin in der Sowjetunion. Der Moskauer Kreml, das Machtzentrum des damals einzigen sozialistischen Landes der Erde, war für sie ungefähr dasselbe wie der Vatikan für die Katholiken. Letztlich waren meine Eltern von ihrer politischen Mission nicht nur überzeugt – sie waren Gläubige, ohne religiös zu sein. Und wir Kinder waren auch in diesem Geist aufgewachsen.

Zuerst hatten wir drei, Vater und wir beiden Jungen, im proletarisch geprägten Stadtteil St. Georg gewohnt, dann waren wir 1934 in eine Zweieinhalbzimmerwohnung in die Papenstraße im Stadtteil Eilbek gezogen. Für meinen Vater, der nach langer Zeit der Arbeitslosigkeit endlich wieder eine Anstellung gefunden hatte, war die Miete von 28 Mark monatlich in dieser eher bürgerlichen Gegend enorm hoch, wir mussten sie uns sprichwörtlich «abhungern». Hier zog alsbald die neue Frau meines Vaters ein, unsere Stiefmutter: Lizzy von Goedelt, drei Jahre jünger als Vater und aus einer wohlhabenden hanseatischen Familie stammend.

Hermann und ich machten es der jungen und hübschen Lizzy nicht leicht, in unserem «Männerhaushalt» anzukommen und wirklich Fuß zu fassen. Zu allem Überfluss war sie, obwohl politisch eher desinteressiert, eine Hitler-Verehrerin und im Umgang mit Kindern komplett ungeübt. Wir ließen uns von ihr nur ungern etwas sagen und verbrachten so viel Zeit wie möglich in der neuen Familie unserer Mutter, die mit Helmut und ihren beiden Kindern Helma und Jürgen, unseren jüngeren Halbgeschwistern also, im Nagelsweg 49 im Stadtteil Hammerbrook wohnten.

Und so kam es, dass mein Bruder Hermann zur wichtigsten Bezugsperson meines noch jungen Lebens wurde. Hermann, geboren am 30. Juli 1927, war ein Jahr und zwei Monate älter als ich. Er war kräftiger gebaut als ich, hatte hellbraunes Haar. Wir besuchten beide die Volksschule, heute mit der Grundschule vergleichbar, die jedoch für all jene, die nach der vierten Klasse keine weiterführenden Schulen besuchten, in der achten Klasse mit einem Abschluss endete. Hermann hatte eine schnelle Auffassungsgabe, war klug und zeigte immer gute schulische Leistungen. Der Besuch einer höheren Schule kam für uns beide dennoch nicht in Frage, dafür war einfach kein Geld da. Als sich im Sommer 1933 unsere Eltern trennten, weinte er, sechs Jahre jung, bitterlich und schrie immer wieder: «Nimm mich mit, Mama!»

Er litt lange darunter. Die Trennung prägte Hermann aber auch dahingehend, dass er selbständiger wurde als Gleichaltrige. Viel schneller als ich «emanzipierte» sich

Hermann von unserer kommunistischen Gesinnung, vielleicht auch aus Wut und Enttäuschung über die Eltern.

Er trat dem Jungvolk bei, der NS-Organisation für die Zehn- bis 14-Jährigen, später der Hitlerjugend. Er war dabei sehr engagiert und wurde sogar ein Scharführer der HJ. Zu diesem Zeitpunkt träumte ich noch von einer Karriere im «Roten Jungsturm», der kommunistischen Jugendorganisation. Zeitversetzt eiferte ich ihm nach und musste mir ständig seine Vorwürfe anhören. «Ihr mit eurem Marx, wann begreift ihr endlich, dass das ein Irrweg war?» Das entfremdete auch mich schleichend von der kommunistischen Gesinnung, die uns die Eltern mitgegeben hatten. Vielleicht war es aber nur der Wunsch, den ich ja auch hegte, irgendwo dazuzugehören. Denn wir waren Außenseiter – als Kinder von Kommunisten, als Scheidungskinder, zudem aus armen Verhältnissen. Hermanns Freunde waren überwiegend überzeugte Nazis. Ich denke, sie übten keinen guten Einfluss auf ihn aus. Als Hermann eines Tages mit der NS- Zeitung «Hamburger Tageblatt» nach Hause kam, nahm der Vater sie ihm weg, schimpfte und zerriss sie in Stücke. Abends sagte Hermann im Schlafzimmer zu mir: «Damit kann Papa die neue Zeit auch nicht aufhalten!»

Zu den wichtigen Bezugspersonen meiner Kindheit zählten außerdem die Eltern meiner Mutter, Oma und Opa Schill. Sie wohnten in einem fünfstöckigen bürgerlichen Mietshaus im Stadtteil Hammerbrook, elbnah im Stadtzentrum südlich von St. Georg gelegen. Auch Opa Adolf Schill war ein «Veteran» der sozialistischen Arbeiterbewegung. Als Sozialdemokrat war er stolz darauf, den legendären SPD-Vorsitzenden August Bebel noch persönlich kennengelernt und ihm die Hand geschüttelt zu haben. Adolf Schill war Schneidermeister. Er stammte aus Staßfurt in Sachsen-Anhalt und war als Geselle auf «Wanderschaft» gegangen, wie das damals üblich war. Während dieser Gesellenwanderung hatte es ihn nach Geesthacht vor die Tore Hamburgs verschlagen, wo er bei einer Familie Lehmkuhl, die dort eine kleine Landwirtschaft betrieb, untergekommen war. Er verliebte sich in eine der Töchter des Hauses, Alma, Jahrgang 1889, meine Oma, und sie heirateten später. Er war ein glühender Anhänger der «wahren SPD» August Bebels. Doch im Ersten Weltkrieg war er aus Enttäuschung über ihren Kriegskurs aus der SPD ausgetreten und der USPD beigetreten. Viele Sozialdemokraten waren damals enttäuscht über die sogenannte «Burgfriedenpolitik» des SPD-Vorsitzenden Friedrich Ebert und spalteten 1916 die «Unabhängige Sozialdemokratische Partei» ab. Diese USPD bekämpfte fortan die «patriotische SPD», die sich dem Kriegskurs des Kaisers und der nationalen Kräfte unterwarf. Ein Großteil der USPD-Mitglieder trat 1919 der neu gegründeten Kommunistischen Partei (KPD) bei – mein Großvater etwas später auch. Und wie viele andere auch kehrte er später wieder in den Schoß der Mutter SPD zurück, blieb aber im linken Flügel sowie in der oppositionellen Gewerkschaft RGO, der Revolutionären Gewerkschaftsopposition, engagiert.

In ihrer Wohnung in der Hammerbrookstraße gab es einen kleinen Wintergarten, das war ein mit Glasscheiben umkleideter Balkon mit einem Blick auf die belebte Straße. Dieser Wintergarten war das Atelier meines Großvaters. Da saß er oft im klassischen Schneidersitz, schnitt Stoffe zurecht oder nähte mit flinken Stichen. Schon als ganz kleiner Junge lernte ich so Schnittmuster, Maßbänder, Futter und Seide kennen. Als ich noch ziemlich jung war, nahm ich einen dieser im Raum hängenden Schnittmuster und zeichnete mit einem Stift die schöne Landkarte, für die ich ihn hielt, nach: Ich malte einen Fluss, Inseln, Wege und Brücken. Eine geheime Schatzinsel in einem verschlungenen System aus Kanälen und Flussarmen faszinierte mich. Bis Opa reinkam und laut rief: «Was macht denn der Junge da, meine schönen Schnittbögen!» Ich bekam einen riesigen Schreck und hatte von da an einen mächtigen Respekt vor den Arbeitsutensilien der Erwachsenen.

Opa zahlte für sein politisches Engagement einen hohen Preis in Form wirtschaftlicher Einbußen. Denn als Sozialist bekam er kaum Aufträge von bürgerlicher Kundschaft, und nur die bezahlte ordentliche Preise. So war das Geld stets knapp. Seinen Genossen und Arbeitern insgesamt besserte er oft kostenlos die Kleidung aus. Also musste Oma als Putzfrau helfen.

Zu unserem kleinen, familiären Kosmos gehörten noch Tante Olga und Onkel Friedrich «Fiete» Paasch. Olga, die Schwester meiner Oma, lief zumeist in einen blau-weißen Arbeitskittel gekleidet in ihrem Gemüseladen herum, den sie am Nagelsweg besaß, unweit des Hauses, in dem meine Mutter mit ihrem neuen Mann lebte. Sie war ein Arbeitstier. Ihr Fiete hatte ein kleines Lastauto der Marke Hanomag. «Fünf Kilo Blech, zwei Kilo Lack, fertig ist der Hanomag!», witzelte der Volksmund. Mein Vater warnte mich, nie hinter einem stehenden Hanomag zu stehen oder die Straße zu überqueren. Angeblich rutsche der beim Anfahren zunächst immer ein Stück nach hinten, das wollte Vater mal beobachtet haben. Der Motor vom Hanomag musste per Handkurbel vorn unterhalb des Kühlergrills angelassen werden. Dann stieg der Fahrer ein, und los ging die Fahrt. Als der Krieg begann, mussten private Autos für das Militär abgegeben werden. Händler durften sie zunächst noch behalten, aber bald wurde das Benzin knapp, und auf dem Deichtormarkt sagte ein Gemüsebauer zu Fiete, dass bald auch die Autoreifen abgegeben werden müssten. Daher verkaufte Fiete das Auto noch schnell.

Fortan nutzte er zum Warentransport eine so genannte Schottsche Karre, ein einachsiges Holzgefährt mit zwei großen Speichenrädern, das in Hamburg sehr gebräuchlich war und von einer Person geschoben oder gezogen wurde. Ein gewisser Michael Schott hatte diese für Hamburg typisch gewordene Karre ursprünglich für Sträflinge erfunden. «Zur Karre verurteilt» lautete ein damals übliches Sprichwort. Mit einem solchen Gefährt holte Fiete Paasch am Deichtormakt südlich des Hauptbahnhofes sein Gemüse ab, das dann in Olgas Laden verkauft wurde.

Das Leben von uns beiden Jungen spielte sich überwiegend im Hamburger Osten zwischen St. Georg und dem ehemals roten «Jammerbrook» ab, wie der Stadtteil Hammerbrook einst aufgrund seiner proletarischen Struktur mit den engen, dunklen, oft elend anmutenden Hinterhöfen genannt wurde. Die Hammerbrookstraße war gesäumt von sechsstöckigen Wohnhäusern, es gab Gaststätten und Geschäfte aller Art. Die Straße war sehr belebt. Es gab da auch ein kleines Kino, in das wir Jungen gern gingen. Wir nannten es die «Flohkiste», denn noch in den 40er Jahren, als es längst Farbfilme mit Ton gab, zeigte man in der «Flohkiste» alte Schwarz-Weiß-Streifen, die von Klaviermusik begleitet wurden. Das Eintrittsgeld betrug lediglich 10 Pfennig. Das proletarische Milieu im Osten der Millionenstadt, das einstige «rote Hamburg», hatte sich aber längst den NS-Ideologen ergeben. Ich erlebte in der Familie und im kommunistischen Freundeskreis meiner Eltern, wie aus Kommunisten und Sozialdemokraten über Nacht Parteigänger der Nazis wurden. Wie sich scheinbar «klassenbewusste», wie es damals hieß, wie sich politisch überzeugte Kommunisten und zu allem entschlossene Revolutionäre von den braunen Machthabern ködern ließen. Mit Versprechen, mit einer neuen politischen Heimat und sozialistischen Parolen nunmehr im neuen völkischen Gewand. Wirksamer aber noch mit Arbeit, selbst wenn es der an Militär erinnernde Dienst im neu geschaffenen «Reichsarbeitsdienst» war, mitunter auch mit kostenlosem Essen, Freibier oder nagelneuen SA-Uniformen der damals noch kaum bekannten Textilfirma Hugo Boss.

Fortan lebten wir Kinder aus kommunistischem Haus in einer Welt miteinander konkurrierender Wahrheiten, die nicht mehr leicht zu durchschauen war. In Schule und Gesellschaft wurden wir mit der nationalsozialistischen Ideologie indoktriniert, mit dem Vorrang des Kampfes für Volk, Nation und Rasse. Laut, offensiv, fordernd und siegreich. In den heimischen vier Wänden hatten die alten kommunistischen Wahrheiten überlebt – im Flüsterton, mit dem warmen Gefühl elterlicher Vertrautheit, aber eben hoffnungslos dem Untergang geweiht.

Schleichend ins Grauen

Krieg, schon der Begriff flößte uns Kindern Ehrfurcht und
Angst ein. Vom Krieg, gemeint war jener zwischen 1914
und 1918, handelten die Erzählungen der Erwachsenen.
Und ich kannte in meiner Familie niemanden, der damit etwas Nostalgisches, gar Patriotisches verband. Krieg
bedeutete Schrecken. Den Krieg zu verhindern – das war
stets das Motiv der politischen Bemühungen meiner Eltern
gewesen. Und als dann im September 1939 tatsächlich
wieder ein Krieg begann, musste ich als Zehnjähriger überrascht feststellen, dass sich in meinem Leben eigentlich
nicht allzu viel änderte: Die Sonne schien weiter, es war
draußen knapp über 20 Grad warm, die Leute wirkten
vielleicht etwas ernster und besorgter als sonst, tuschelten
vielleicht etwas häufiger miteinander, gingen aber weiter
ihren alltäglichen Pflichten nach. Ich war sogar ein wenig
enttäuscht. Dieses «große Ding», das wie ein Schrecken
hinter, über und vor uns lag und in Gesprächen, seit ich
denken konnte, stets eine Rolle gespielt hatte – jetzt war
es da. Und man musste als Zehnjähriger schon recht auf-
merksam sein, um die Veränderungen im täglichen Leben
tatsächlich zu registrieren.

Es war kurz nach Ausbruch des Krieges im Oktober 1939, da sah ich zum ersten Mal in der Stadt einen einbeinigen Soldaten. Behände schwang er sich auf zwei Krücken vorwärts und wirkte in seiner Agilität nicht einmal bemitleidenswert. Behinderte Menschen, damals nannte man sie «Krüppel», sah man oft. Doch die waren zumeist älter und wohl überwiegend Opfer des vormaligen Krieges. Dieser Soldat war aber jung, er trug eine neue Offiziersuniform. Die Menschen schauten ihn ehrfurchtsvoll an, wie er sich durch die Hammerbrookstraße bewegte. An der Uniform trug er das Bändchen des Eisernen Kreuzes Zweiter Klasse. Wir grüßten ihn respektvoll und sahen noch lange hinter ihm her. Ganz anders als die triumphalen Siegeszüge, über die in den Zeitungen und Wochenschauen berichtet wurde, wirkte dieser einbeinige Soldat wie die Erinnerung an ein Grauen, das im anfänglichen Rausch der verkündeten Siege gern ausgeblendet wurde. Damals tauchten auch in den Zeitungen – es gab noch immer das konservative «Hamburger Fremdenblatt», den «Hamburger Anzeiger» und das NS-Organ «Hamburger Tageblatt» – die ersten Gefallenenmeldungen auf. «Gefallen für Führer, Volk und Vaterland», hieß es dort oft stereotyp.

«Glaub mir, mein Junge, das ist erst der Anfang. Es werden immer mehr …», weissagte Opa Schill, «je länger dieser verdammte Krieg dauert. Ich habe das schon einmal erlebt.» Und die Soldaten, die in den Todesanzeigen betrauert wurden, seien auch nicht für «Führer, Volk und Vaterland» gefallen, sagte er, sondern für den «völkerverschlingenden Imperialismus».

Oft sprach Opa in solchen fremden Metaphern zu mir, die ich nicht verstand. Zu Hause angekommen, schaute ich umgehend im «Volks-Brockhaus» nach, dem Lexikon. Was bedeutete überhaupt Imperialismus? Und las da etwas von einem «nicht in völkischen Notwendigkeiten begründeten Macht- und Ausdehnungsbestreben», das «friedensgefährdend» wirkt. Ich begriff nichts. In einem sollte Opa nicht recht behalten – was jedenfalls die Gefallenenanzeigen in den Zeitungen betraf. Die wurden nicht mehr. Denn die Zeitungen begannen irgendwann, die Anzahl der Todesanzeigen zu begrenzen, weil sonst die Bevölkerung demoralisiert worden wäre. Auch passte das nicht zum Siegesgeschrei der NS-Führung.

Die Anzahl der Todesanzeigen in den Zeitungen blieb also gleich groß, während die tatsächlichen Verluste an Soldaten stetig stiegen, wie man von Angehörigen in der Schule, von Nachbarn, von Freunden erfuhr. Jeder kannte jemanden, der den Verlust von Angehörigen zu beklagen hatte. Onkel Fiete, der Ehemann von Tante Olga, las im «Hamburger Fremdenblatt» die Todesanzeigen stets zuerst. Die Nazi-Propaganda interessierte ihn nicht. Er kommentierte die Anzeigen immer mit denselben Worten: «Mal sehen, wer nicht mehr bei Karstadt einkauft.» Hermann und ich äfften ihn gern nach.

Der Krieg beherrschte auch unser Spiel. Am liebsten spielte ich mit meinen Elastolinsoldaten. Das waren Figuren, die anders als Blei- oder Zinnsoldaten sehr realistisch aussahen und aus einer Art gehärteter Pappmasse mit einem Drahtkern hergestellt wurden. Sie sahen schön aus, waren bunt lackiert, durften aber nicht nass werden, denn dann zerfielen sie. Ein Hauptmann aus meiner Sammlung fiel eines Nachts aus dem Bett in den darunter stehenden Nachttopf – es war das Todesurteil für den wackeren Krieger! Am nächsten Morgen sah ich das matschige, braune Häuflein Elend, in welches sich der stolze und farbenfrohe Offizier in meinem Urin verwandelt hatte. Ich fischte die Reste der Figur aus dem Nachttopf und zeigte sie meinen Freunden auf dem Hof. Wir begruben den breiigen Haufen mit dem Drahtskelett in einer Ecke und sangen dazu im Chor: «Ich hatte einen Kameraden …»

Es gab einen Elastolinsoldaten, der am Maschinengewehr kniete. Es gab einen Funker mit Telefon. Es gab Wehrmachtssoldaten mit geschulterten Gewehren im Paradeschritt und es gab sogar einen mit einem Flammenwerfer. Und Engländer, Franzosen und abessinische Soldaten mit dunkler Hautfarbe. Hermann und seine HJ-Freunde spielten manchmal mit mir. Dann musste ich immer das Kommando über Engländer, Franzosen oder Äthiopier übernehmen, während die großen Jungen die Deutschen befehligten, die am Ende stets gewannen. Und wenn ich mich dagegen wehrte, drohten die Großen Schläge an. «Weil Deutschland ja im echten Leben auch immer gewinnt», begründeten sie.

Damit hatten sie bis zu diesem Zeitpunkt auch recht. Ich hätte mir Sowjetsoldaten gewünscht, doch die gab es im Angebot der Spielzeugläden nicht.

Als ich eines Tages ein paar SA-Männer und sogar eine Hermann-Göring-Figur mit nach Hause brachte, wurde mein Vater furchtbar wütend und warf den Reichsmarschall aus gehärteter Pappmasse in den Ofen. «Faschistenpack», fluchte er. Die anderen Soldaten durfte ich aber behalten. Wenn ich mit ihnen spielte, völlig entrückt in meiner eigenen Phantasiewelt, in der auch Krieg herrschte, dann sang ich dazu ein Lied, das wir beim Jungvolk der

Hitlerjugend oft anstimmten und das man immer wieder im Radio hörte. «Wir fliegen zur Weichsel und Warthe, wir fliegen ins polnische Land. Wir treffen es schwer, das feindliche Heer, mit Blitzen und Bomben und Brand. Kamerad, Kamerad, alle Mädels müssen warten», lautete der Text, der in einem Refrain mündete: «Bomben auf Polenland». Der Text stammte von einem gewissen Wilhelm Stöppler, die Melodie stammte von Norbert Schultze.

Das Lied wandelte im Verlauf des Krieges seinen Text. Als nach dem Sieg über Polen Frankreich und England ins Fadenkreuz der Wehrmacht gerieten, wurde der Text umgeschrieben. Vor allem im Sommer 1940, dem Höhepunkt der «Luftschlacht um England», wird in den Wochenschauen das gleiche Lied plötzlich mit dem Refrain «Bomben auf Engelland» gespielt. Und wir Kinder sangen es mit. Als mein Vater hörte, wie ich das während des Spielens vor mich hin sang, fragte er traurig: «Machst du dir keine Gedanken, was du da singst? Da wo Bomben fallen, da sterben Menschen, Familien, Frauen und Kinder. Denk mal darüber nach, Günter.»

«Und was ist mit dem Lied der roten Flieger?», fragte ich zurück.

«Das ist etwas anderes», sagte mein Vater, «darin wird niemand aufgefordert, Bomben auf die Arbeiter anderer Länder zu werfen.»

Und er begann das zu summen: «Drum höher und höher und höher, wir steigen trotz Hass und Hohn. Ein jeder Propeller singt surrend: Wir schützen die Sowjetunion.»

Und während er sich eine Zigarette anzündete, wiederholte er: «Hörst du, Günter, ‹wir schützen die Sowjetunion›, heißt es da. Niemand wird angegriffen. Schon der marxistische Sozialdemokrat Franz Mehring hat vom ‹gerechten Krieg› gesprochen, wenn man sich verteidigt …»

Für ihn war der Fall damit erledigt, für mich noch nicht. «Was geht mich die Sowjetunion an?», murmelte ich vor mich hin.

Das öffentliche Leben in unserer Stadt wurde zunehmend vom Krieg durchdrungen. Und das lag vor allem an der zunehmenden Gefahr aus der Luft. Zur Systematisierung und besseren Organisation wurden in größeren Orten und Städten Luftschutzreviere unter der Leitung von Luftschutzwarten eingerichtet. Die Grenzen der Luftschutzreviere waren identisch mit den Grenzen der Polizeireviere. Vor allem ging es darum, nach einer Bombardierung schnell und effizient die Trümmerbeseitigung verkehrsreicher Straßen und Plätze zu gewährleisten, die entstandenen Schäden zu bilanzieren, die Entschärfung von Blindgängern zu gewährleisten und die Ausgebombten zu registrieren. Das waren zum damaligen Zeitpunkt noch überschaubare Aufgaben. Weil es kaum ein feindlicher Flieger schaffte, in den Luftraum über dem Reich vorzudringen.

Dennoch wurden überall Luftschutzräume eingerichtet, zunächst noch provisorisch, meist in Hauskellern. Ausgestattet wurden sie mit gespendetem Mobiliar, Stühlen, Sofas und mit Wolldecken. Draußen auf den Bürgersteigen wies ein mit gelber Farbe aufgemalter Pfeil mit der Aufschrift «LSR» darauf hin, wo sich der nächste Luftschutzraum befand. Wir nahmen das damals noch nicht so ernst, denn außer gelegentlichen Probealarmen, die wir allmählich gar nicht mehr wahrnahmen, geschah weiter nichts. Wenn Mütter mit den Kindern einen Bunker aufsuchten, dann mussten sie ihre Kinderwagen in Reih und Glied draußen parken. Falls keine Schäden entstanden, bekamen sie die wieder. Gestohlen wurden sie nicht. In großen Bunkern gab es eine Art «Babyfächer», geschützte, kleine Abteile. An einer Wand waren da abgetrennte Kästen, immer etwa fünf unter- und bis zu zehn nebeneinander. Davor ein Brett, damit die dort hineingelegten Babys nicht herausfallen konnten.

Zunächst flogen die Engländer tagsüber Angriffe auf das Deutsche Reich, dabei erlitten sie aber hohe Verluste an Flugzeugen. Beim allerersten Angriff auf eine deutsche Stadt – es traf Mönchengladbach im Mai 1940 – waren am Boden vier Zivilisten getötet worden, darunter offenbar auch eine ortsansässige Engländerin. Aber auch drei der britischen Bomber stürzten ab. So sah das Bomber Command keine Alternative zum nächtlichen Flächenangriff, der es den Verteidigern schwerer machte. Schließlich ging es auch darum, dem eigenen Volk Mut zu machen – «indem wir zeigten: Wir schlagen zurück», wie es RAF-Marschall Michael Beetham formulierte.

Die erste Bombenattacke auf Hamburg – vor Kriegsbeginn mit seinen 1,68 Millionen Einwohnern Deutschlands zweitgrößte Stadt – traf die Metropole in der Nacht auf den 18. Mai 1940, wie wir heute wissen. Ich kann mich an diese Nacht nicht mehr erinnern. Vermutlich gab es nicht einmal Fliegeralarm. Um 0.28 Uhr erreichten rund 30 Kampfflugzeuge der Royal Air Force aus Richtung Nordsee kommend die Hansestadt. Über Altona, St. Pauli, dem Hafen und Harburg warfen sie ihre 400 Brand- und 80 Sprengbomben ab. 34 Hamburger starben in dieser Nacht, doppelt so viele wurden verletzt. In den meisten Stadtteilen, in denen die Bomben fielen, gab es danach nur noch Trümmerschuttberge. Wo aber nur Brandbomben gefallen waren, sah man ganze Straßenzüge mit Häusermauern und intakten Zwischenetagen, aus denen die schwarze Leere der Brandspuren gähnte.

Im Bewusstsein der Städter bewirkt es, dass dieser Krieg nicht mehr das abstrakte Ereignis war, das sich wie in den ersten Kriegsmonaten irgendwo in Polen, im fernen Westeuropa oder in Skandinavien abspielte. Vielmehr war er erstmals seit über 100 Jahren wieder im Alltag unserer Stadt angekommen. Wenn jetzt irgendwo die Sirenen heulten, wunderte das niemanden mehr. Fliegerangriffe, meist kamen die Bomber in kleinen Gruppen, gehörten zunehmend zum Alltag. Sie richteten aber kaum größere Schäden an. So traf eine Sprengbombe am 19. Mai 1940 das Maschinenhaus der Werft von Blohm & Voss. Am Tag darauf durchlöcherten die Splitter einer Bombe fünf mit Wal-Öl gefüllte Tanks in Harburg. 3000 Tonnen des Trans, der vor allem als Schmierstoff verwendet wurde, liefen in die Umwallung aus, konnten aber später zurückgepumpt werden. Reparaturtrupps waren schnell zur Hand. Auch, als am 18. Juni eine Bombe die verkehrstechnisch für Hamburg so wichtige Brücke über die Süderelbe beschädigte. Und am 20. Juni desselben Jahres fiel das Elektrizitätswerk Neuhof in der Nippoldstraße nach einem Bombentreffer vorübergehend für die Stromversorgung aus. 1940 war das erste Jahr fortgesetzter Angriffe aus der Luft. Doch zumeist waren es harmlose Angriffe, die Schäden und die Zahl der Opfer blieben gering. Die entstandenen Bombenschäden waren sogar eine Art «Attraktion», die viele schaulustige Hamburger anlockten. Dieser bis dato lautlose, unsichtbare Krieg – erstmals hinterließ er Spuren.

Und die Feinde des Reiches warfen auch Flugblätter ab, wie man sich zuflüsterte. Darin wurden die Hamburger vor weiteren Angriffen gewarnt. In manchen dieser Schriften wurde gereimt: «Bei jeder Bombe denke dran, diesen Krieg fing Hitler an!» Wieder andere forderten die Deutschen auf, das Nazi-Regime selbst zu beseitigen, dann würden auch die Angriffe aufhören. Es bewirkte bei den indoktrinierten Mitbürgern natürlich nichts. Die alliierten Luftangriffe halfen propagandistisch eher den Nazis. Nachdem am 3. Juli 1940 ein britisches Kampfflugzeug ohne Vorwarnung aus den Wolken gestoßen und an der Ecke Steilshooper Straße/Elligersweg in Barmbek vier Sprengbomben abgeworfen hatte, war die Erschütterung in der Stadt groß, weil elf spielende Kinder, zudem zwei Männer und vier Frauen gestorben waren.

Für Hermann Göring, den Oberbefehlshaber der deutschen Luftwaffe, führte der über das Reich einbrechende «Bombenterror», wie das die Nazis nannten, zu einem handfesten Glaubwürdigkeitsproblem. «Ich will Meier heißen, wenn nur ein feindliches Flugzeug über die deutschen Grenzen kommt», soll Göring zu Kriegsbeginn in einer Rundfunkrede gesagt haben. Dokumentiert ist dieser Ausspruch nicht, aber er wurde zum geflügelten Wort, tausendfach wiederholt und ist noch heute eine der am weitesten verbreiteten Legenden. Im Reich, wo sich die Angriffe aus der Luft im Verlauf der ersten beiden Kriegsjahre häuften, nahm man diese vermeintliche oder tatsächliche Einladung natürlich dankend an. Alsbald sprach jedermann nur noch von «Hermann Meier», was auch verdeutlichte, dass man noch immer bereit war, das Ganze mit Humor zu tragen, wenn auch zunehmend mit Galgenhumor. Erst im

Angesicht der späteren Bombenhölle, die über das Reich hereinbrach, verebbte dieser Humor. Keinem war mehr nach «Meier-Witzeleien» zumute.

Als ich eines Sommertages im Jahr 1940 in Hamburg-Bergedorf auf einen Personenzug wartete, der mich nach Hause bringen sollte, brauste ein luxuriöser Schnellzug mit verhängten Fenstern an uns vorbei, ohne zu halten und in einem für den damaligen Schienenverkehr beachtlichen Tempo. Ein Mann neben mir sagte im mir vertrauten Plattdeutsch: «Dor sit jo Hermann Meier bin!» Heute weiß ich, dass es sich um Görings Sonderzug mit dem Decknamen «Asien» handelte, bestehend in der Regel aus 15 Wagen, einer davon war der «Salonwagen 10215», ausgestattet mit höchstem Komfort. In ihm reiste der einem dekadent-luxuriösen Lebensstil verfallene Oberbefehlshaber der deutschen Luftwaffe zwischen seinem Hauptquartier bei Rastenburg in Ostpreußen und Terminen im besetzten Frankreich hin und her quer durch Europa. Was auch an den russischen Revolutionsführer Leo Trotzki erinnerte, der in seinem legendären Panzerzug während des Bürgerkriegs quer durch Russland reiste. Verbrieft ist, dass Joseph Goebbels eine Phase hatte, in der er für Lenin schwärmte. Vielleicht hat sich Göring ja auch für Trotzki interessiert und dessen Mobilität kopiert.

70 Luftangriffe flogen die Engländer im gesamten Verlauf des Jahres 1940 gegen unsere Stadt, also im Schnitt alle fünf Tage einen, das kann man heute in offiziellen Statistiken nachlesen. 1417 Spreng- und 4248 Brandbomben töteten 125 Menschen und verletzten 567. Und es blieb in etwa bei dieser Angriffsdichte. Bis Juli 1943 wurde Hamburg etwa 140 Mal angeflogen, mitunter von nur einer Handvoll

Maschinen. Allein 20 Mal wurde die Stadt gar irrtümlicherweise bombardiert, weil die Piloten ihre eigentlichen Ziele Kiel oder Lübeck verfehlten. 1500 Menschen starben in diesem Gesamtzeitraum bis Sommer 1943 in der Hansestadt durch Angriffe aus der Luft. Das war schlimm, aber es war noch nicht annähernd so intensiv, wie später das Reich attackiert wurde.

Und so gewöhnten sich die Hamburger an diese Angriffe, die überschaubare Schäden anrichteten. Weil das die ersten vier Kriegsjahre so blieb, machte sich bei den Menschen das Gefühl breit, dass der Feind zu keinen größeren Luftschlägen in der Lage sei. Ja, man wähnte sich im trügerischen Gefühl einer gewissen Sicherheit. Das ging so weit, dass ein Fliegeralarm bei den Menschen irgendwann nicht einmal mehr Angst auslöste. Viele gingen einfach nicht mehr in die Luftschutzkeller. «Es wird schon nicht gerade bei uns eine Bombe fallen», hieß es oft.

Männer gehobenen Alters, die als Soldaten den Ersten Weltkrieg überlebt hatten, belehrten uns Jüngere mit ihren Erfahrungen. «Wenn ein Flugzeug über dir ist, dann ist die Gefahr eigentlich schon vorbei. Denn die Bombe wird abgeworfen, wenn das Flugzeug noch weit vom Abwurfort entfernt ist», erklärte mir ein Mann aus der Nachbarschaft. Er ging offensichtlich davon aus, dass ein Flugzeug immer nur eine Bombe tragen konnte, so wie das eben früher gewesen war. Von den modernen, viermotorigen Bombern, den Lancaster und Halifax mit einer Traglast von fünf, sechs Tonnen Bomben hatten viele Menschen damals noch keine Vorstellungen. Wir Jungen waren da längst besser informiert. Denn es gab ja die bereits erwähnte Zeitschrift «Der Adler». Und es gab ein Taschenbuch zur Fliegererkennung, welches den Titel «Deutsche, italienische, britisch-amerikanische und sowjetische Kriegsflugzeuge» hatte und vom Reichsluftfahrtministerium herausgegeben wurde. Darin waren die bekanntesten Flugzeuge mit Bildchen, Höchstgeschwindigkeit, Bewaffnung etc. aufgelistet – in etwa wie bei den unter heutigen Jungen beliebten Quartettkarten über schnelle Autos oder schwere Trucks.

Wenn heute Jungen vor Aufregung die Luft anhalten, weil da eben ein «Maserati Levante Trofeo» durch die verkehrsberuhigte Zone der Innenstadt röhrt, so erkannten wir damals am Hamburger Himmel selbst ohne Fernglas die pfeilschnelle «Supermarine Spitfire» oder die zweimotorige «Bristol Blenheim» der Briten. Wir waren kleine, klugscheißernde Kriegsexperten. Gestritten wurde unter uns Jungen dennoch: War das nun die Spitfire oder doch eine amerikanische «P-51 Mustang»? Mit den amerikanischen Flugzeugen, die neu am Hamburger Himmel zu sehen waren, kannten wir uns noch nicht so gut aus – es sei denn, es war die mit ihren zwei Leitwerken einzigartige und daher nicht zu verwechselnde «Lightning» von Lockheed. Aber wir lernten schnell dazu, was der traurigen Tatsache geschuldet war, dass die Angriffe zunahmen.

Eine geradezu magische Anziehung übte das nächtliche Katz-und-Maus-Spiel der Suchscheinwerfer auf uns Jungen aus. In klaren Nächten standen wir draußen oder klebten an den Fensterscheiben, sahen am Himmel die Scheinwerferbündel unserer Flugabwehr auf der Suche nach englischen Fliegern über den nächtlichen Himmel streichen, bis sie einen Flieger erfassten. Hatten die hellen, sich an den Wolken brechenden Leuchtbalken erst einmal einen feindlichen Flieger fixiert, gab es für ihn in den meisten

Fällen kein Entrinnen mehr, trotz all der fliegerischen Kapriolen, zu denen er ansetzte. Gebannt blickten wir zum Himmel, beobachteten das Duell und sahen, wie die kleinen Explosionswölkchen der Flak-Geschosse die Flugbahn des Bombers säumten.

Wurde der Flieger von einem Geschoss getroffen, freuten sich meine Freunde stets, jubelten, wie man sich heute während einer Fußball-Liveübertragung über ein Tor seines Lieblingsvereins freut. Eigentlich freute ich mich am meisten, wenn ich am Himmel kleine Fallschirme sah. Was bedeutete, dass sich die Besatzung hatte retten können.

Der Krieg bescherte uns Jungen noch ein weiteres Hobby. Jungen sind Sammler, das ist auch heute noch so. Vor dem Krieg sammelten wir leidenschaftlich Zigarettenbilder, so wie Jungen heute diese Fußballbildchen von Panini. Es gab Zigarettenbilder verschiedener Serien – der Erste Weltkrieg, die deutsche Wehrmacht, die ehemaligen Kolonien. Aber am liebsten mochte ich die Serie mit bekannten Filmschauspielern. Wir spielten eifrig das «Steckbuchspiel». Die Seiten eines Schreibheftes wurden von der Mitte aus umgeknickt. In einige dieser geknickten Seiten wurden Zigarettenbilder eingelegt. Wenn ein anderer Junge auch so ein Steckbuch hatte, musste man seines hinhalten. Das Spiel ging so: Der andere steckte ein Zigarettenbild in eine beliebige Seite. Fand sich darin noch ein Bild, gehörte es ihm, ansonsten war es weg.

Es war nicht ganz einfach, an diese Bilder zu gelangen. Denn sie waren nur in den Schachteln der besseren Sorten zu finden: Eckstein, Juno oder Attika. Und die gab es seit Kriegsbeginn kaum noch. Also passten auch wir uns den schwierigen Zeiten an und sammelten andere Dinge: Granatsplitter von den Geschossen der Fliegerabwehrkanonen zum Beispiel. Am Tag nach einer dieser beschriebenen Jagdszenen am Hamburger Himmel grasten wir Kinder dann die Straßen ab und suchten die Granatsplitter. Wir tauschten sie untereinander. Wenn einer der Splitter noch ein Stück des Führungsringes aufwies, war er so wertvoll wie fünf andere Stücke. Am begehrtesten waren Bombensplitter aus Leichtmetall, dafür gab es beim Tausch unter uns Jungens zehn andere. In der ersten Zeit waren Leichtmetallsplitter für uns sogar so wertvoll wie eine seltene Briefmarke. Doch das Angebot an Fundstücken wurde im Laufe des Krieges immer größer, der Umtauschkurs sank, das war eine Folge des forcierten Bombenkrieges der Alliierten gegen das Reich, das allmählich die Lufthoheit verlor und den Himmel über den Städten nicht mehr wirksam zu schützen vermochte. Immer mehr Bomben fielen und begruben so manchen der kleinen Sammler unter sich.

Wenn wir Kinder abends ins Bett gingen, dann mussten wir das im Dunkeln machen und unsere Kleidung geordnet auf die neben dem Bett stehenden Stühle legen. Wir wussten immer, wo welches Kleidungsstück lag, denn wir durften auf keinen Fall das Licht anknipsen. Im Falle eines Fliegeralarms zogen wir uns im Dunkeln hastig an. Wenn wir dann im Keller saßen, hofften wir, dass der Alarm länger als drei Stunden dauern würde, denn dann brauchten wir am nächsten Tag nicht in die Schule zu gehen. Also zählten wir still die Minuten und waren enttäuscht, wenn es ein Fehlalarm war. Die Erwachsenen fluchten aber, denn sie mussten in jedem Fall zur Arbeit gehen. Damals gab es einen populären Schlager, den alle mitsangen. Der Text lautete: «Hörst du mein heimliches Rufen? Öffne dein Herzkämmerlein.» Der Volksmund dichtete angesichts der zunehmenden Bombenangriffe: «Hörst du mein heimliches Fluchen? Schon wieder Fliegeralarm!»

Die Bevölkerung wurde aufgefordert, Fenster und Scheinwerfer der Fahrzeuge zu verdunkeln. Dazu wurde schwarzes Verdunklungspapier gekauft, und in den Parteidienststellen bekam man für fünf Reichsmark die sogenannte Volksgasmaske. Opa Schill hatte zwei silberne Fünfmarkstücke aus seiner Weste gezaubert und gesagt: «Jungs, kauft euch 'ne Maske, vielleicht braucht ihr die mal.» Und dann waren Hermann und ich in die Dienststelle der NSDAP in der Hammerbrookstraße gegangen. Der Uniformierte setzte mir eine auf, «na prima, passt», sagte er. Und unterwies uns kurz im Gebrauch, aber im Karton lag auch die Gebrauchsanweisung der «deutschen Volksgasmaske», wie sie offiziell hieß, zu der ein anschraubbarer Filter gehörte, der ein wenig wie ein Sieb aussah. Hermann fand, das sei alles peinlich und pure Geldverschwendung. Ich glaube, er packte seine Gasmaske nie aus.

Mir war meine Gasmaske etwas zu groß, sodass ich kaum etwas durch die verglasten Augenpartien sehen konnte. Aber durch den Gummiüberzug am Kopfteil hielt sie dicht, und das war schließlich die Hauptsache. Ich fand diese gruselige Gummikappe lustig, denn wenn man sie sich über den Kopf stülpte und den Atem ausblies, dann flatterte ein darauf befindliches Gummistückchen, welches auf der Nase saß. Mit dieser Maske konnte man auch gut Krieg spielen. Maskiert und Holzgewehr in der Hand, spielte ich die Heldenmythen der Westfront des Ersten Weltkriegs nach, wähnte mich auf dem von Gasschwaden umnebelten Schlachtfeld bei Ypern. Bis Hermann ein Buch nach mir warf und rief: «Hör auf mit dem Kinderkram, Goschoi, ich muss lernen.» Goschoi, das war mein Spitzname aus Kindheitstagen. Als Hermann noch sehr klein war, nannte er mich immer «Gäuner», was eigentlich Gauner sein sollte. «Das klingt ja wie Zigeuner», sagte meine Mutter belustigt. Hermann trampelte mit dem Fuß auf und legte sich dann fest: «Genau, du Goschoi!» Und weil das alle niedlich fanden, war ich fortan Goschoi. Ich selbst übernahm diesen Namen.

Weil Elbe und Alster aus der Luft leicht zu identifizieren waren und so als Orientierung für die Bomber dienen konnten, setzte Hamburgs Gauleitung auf großflächige Tarnungen, um die alliierten Flieger in die Irre zu führen. Um die Stadt herum wurden Fabriken im Stil von Kinokulissen aus Papier und Sperrholz nachgebaut. Die gesamte, fast 30 Fußballfelder große Binnenalster wurde mit Hilfe von seltsamen Konstruktionen aus Holz und Reet, verbunden mit einem Drahtgeflecht, als bewohntes Stadtgebiet getarnt, unterbrochen nur von einem schmalen Wasserlauf. Um das Ganze abzurunden, wurde eine falsche Lombardsbrücke auf der Außenalster errichtet. Im April 1941 wurden diese Arbeiten abgeschlossen. Auf diese Weise sollten bei künftigen Angriffen die Bomben in die Binnenalster gelenkt werden. Doch so billig ließen sich die Briten nicht hinters Licht führen.

Heute weiß man, dass die Briten diese Maßnahme bereits während der Bauarbeiten beobachteten. Englische Zeitungen sollen sogar Luftbilder der Alster vor und nach den Umbauarbeiten abgedruckt haben. Inmitten der Außenalster wurde eine künstliche Insel aufgeschüttet. Mit dem Bau wurde im April 1942 begonnen, zuvor war die Alster aufgrund des strengen Winters fast durchgehend zugefroren, sodass die Bohlen erst im Mai 1942 in den Grund gerammt werden konnten. Damals gab es noch Winter, die diesen Namen auch verdienten. Auf der Insel brachte man die außergewöhnlichste Flakbatterie der Stadt unter, die sogenannte «Bürgermeister-Krogmann-Stellung», benannt nach Carl Vincent Krogmann, der zwar pro forma Hamburgs Bürgermeister war, als «Leiter der Gemeindeverwaltung» aber eher eine Art «Gruß-August» darstellte und im Schatten des Gauleiters Karl Kaufmann stand. Am Freibad Schwanenwik wurden die Unterkünfte, die Fernmelde- und Aufenthaltsbaracken für die Flaksoldaten und Luftwaffenhelfer aufgestellt, alles untereinander mit Stegen von bis zu einem Kilometer Länge verbunden. Ende Mai war die Flakbatterie bereits einsatzbereit. Munition wurde mittels Schuten, das waren leichte, etwa zehn Meter lange Frachtkähne, vom «Kleinen Fährhaus» in Harvestehude herübergebracht beziehungsweise nach Verbrauch wieder abtransportiert.

Vor dem großen Bombardement im Sommer 1943 gab es in der Hansestadt also 139 Bunker, 773 «Sonderbunker», die immerhin als «splittersicher» galten, zudem 1442 öffentliche Luftschutzräume.

378 000 Hamburger konnten theoretisch darin Schutz finden. 14 000 Feuerwehrleute standen in der Hansestadt bereit, dazu 8000 Männer in technischen Sondereinheiten. Rund 12 000 Soldaten dienten in den 80 Flak- und 22 Scheinwerferstellungen rund um Deutschlands wichtigste Hafenstadt, so viel wie in keiner anderen deutschen Stadt. Das alles klingt aus heutiger Sicht beeindruckend, war aber kein wirksames Mittel, um die sich anbahnende Katastrophe für die Hamburger abzuwenden. All diese Maßnahmen, die die

in Propaganda-Dingen sehr professionell agierenden Nazis auf allen Kanälen unters Volk streuten, trugen dazu bei, dass sich bei den Hamburgern eine gewisse Sorglosigkeit breitmachen konnte. Viele Menschen hofften auch auf die Wirkung der Tarnungen, fühlten sich von den vielen Flakstellungen geschützt, glaubten an die Effizienz der ständigen Feuerwehr- und Notfallübungen. Sie wussten noch nicht, welch zerstörerische Gewalt, welche infernalische Vernichtung moderne Luftkriege in die Städte zu tragen vermochten.

Blockwarte und Goldfasane

«Da draußen steht so ein Partei-Heini,
dem ist die Hose geplatzt.»

Meine Oma, Frau des
Schneidermeisters Adolf Schill

Nachts hörte man hin und wieder die Blockwarte laut rufen: «Licht aus!» Meist wurde dann aus der schützenden Anonymität der Nacht heraus etwas zurückgemault: «Schiet di wat! Klookschieter!», was sinngemäß «Stell dich nicht so an, Klugscheißer!» bedeutete. Viele störte, dass im Kriegsalltag einer von Bombenattacken bedrohten Großstadt plötzlich Personen eine enorme oder gefühlte Wichtigkeit gewannen, die man in Friedenszeiten gar nicht wahrnehmen würde. Dazu zählten ebenjene Blockwarte, offiziell «Blockleiter». Sie waren fast ausnahmslos Parteigenossen, also Mitglieder der Nationalsozialistischen Deutschen Arbeiterpartei, NSDAP. Blockwarte waren eine sehr «deutsche Erfindung» und achteten darauf, dass «alles seine Ordnung» hatte und niemand aus der Reihe tanzte. «Den Anordnungen der Blockleiter ist unbedingt Folge zu leisten», war ein verbreiteter Satz. Und noch heute spricht man oft von der «Blockwartmentalität», wenn wichtigtuerische Nachbarn ihre Mitmenschen beaufsichtigen und denunzieren. Ohne diese sehr deutsche «Blockwartmentalität» hätte auch die Staatssicherheit in der späteren DDR ihr dichtes Spitzelsystem so nie aufbauen können.

Mein Vater hatte immer wieder Ärger mit einem Blockwart. Beide kannten sich noch aus der Zeit vor der Machtergreifung der Nazis. Hans Paul, so hieß der Mann, war bis
1933 SPD-Mitglied gewesen. Und als «ehemalige Straßen-
kämpfer» aus dem Hamburger Osten kannte man sich natürlich gut, inklusive der politischen Vorgeschichte. Jetzt
lief der zum Nazi gewendete Sozialdemokrat wichtigtue-
risch mit einem dieser Luftschutzhelme herum, die aussahen wie viel zu große Wehrmachtshelme – zudem war
die angedeutete Stahlkrempe am Helm ausgeprägter als bei
den Soldaten. Hans Pauls «Licht aus!»-Rufe waren berüchtigt.

Mein Vater wollte bei Fliegeralarm nie in den Keller
gehen. «Halte dich gefälligst an die Vorschriften, du Kom-
mune-Hengst, willst wohl mit der Taschenlampe den Ter-
rorbombern Zeichen geben, was?», blaffte Hans eines Tages
meinen Vater an.

Der polterte zurück: «Halt doch's Maul, du blöder Sozi.
Du willst dich doch nur bei den Nazis lieb Kind machen.»

Irmgard, eine gemeinsame Freundin meiner Eltern aus
der längst verbotenen Kommunistischen Partei, die den
Kontakt zu uns Jungen und auch zu meinem Vater nie
abgebrochen hatte und uns oft besuchte, stand dabei und
feuerte meinen Vater noch an: «Zieh ihm doch seinen blöden Helm noch etwas tiefer ins Gesicht, dann hat er seine
ganz private Verdunkelung. Und wir hätten endlich Ruhe
vor ihm.»

Wir lachten. In unseren proletarischen Kreisen waren
die Witze oft etwas deftiger.

Auch bei meiner Mutter gab es einen Blockwart. Ich
kannte ihn gut. Er hieß Emil Stötzner und gehörte zur
Kategorie «Beefsteak», wie man das damals nannte: außen

braun, innen rot, was natürlich politisch gemeint war. Er lief mit dem Parteiabzeichen der NSDAP umher und trug die Armbinde, die ihn als Blockwart auswies. Stötzner hatte sogar eine KPD-Vergangenheit und kannte natürlich Helmut Kruschak und meine Mutter sehr gut. Wenn der meine Mutter maßregeln wollte, weil sie nachts das Licht zu lange brennen ließ oder wegen ähnlicher Lappalien, gab sie ihm Zunder: «Wenn Thälmann gewusst hätte, was du für ein Arschkriecher bist, dann hätte er dich ordentlich vermöbelt.»

Stötzner versuchte dann stets zu beschwichtigen: «Ach Lieschen, die Zeiten ändern sich eben.»

Vor allem war Stötzner für sein kräftiges Organ bekannt, er sprach immer furchtbar laut und zudem ohne Punkt und Komma. Schon früher war er einer der bekanntesten «Quasselbrüder», erzählte mir mein Vater. Er war einer der Menschen, die gern viel redeten, aber nicht viel sagten. Jetzt war er Mitglied der NSDAP und der Deutschen Arbeitsfront, eines Gewerkschaftsersatzes mit klar nationalsozialistischer Ausrichtung. Geführt wurde er von Robert Ley, einem rheinländischen Bauernspross, der zu viel trank und mitunter bei seinen Reden stotterte, sodass er auch «Reichstrunkenbold» genannt wurde. Auf Leys Initiative hin waren serienmäßig Notunterkünfte für die obdachlos gewordenen Menschen nach Bombenangriffen errichtet worden, Ley-Häuser genannt, die wie Gartenlauben aussahen. Ley war verantwortlich für das Schicksal vieler Millionen Zwangsarbeiter, die im Reich unter fürchterlichen Bedingungen schuften mussten. Viele von ihnen starben, und Ley wurde als Hauptkriegsverbrecher 1946 in Nürnberg angeklagt, erhängte sich aber vor dem Urteil in seiner Zelle.

Emil trug also neben dem Parteiabzeichen stolz das Symbol der Deutschen Arbeitsfront (DAF) am Revers seiner Jacke, ein mit Zahnrad umgebenes Hakenkreuz. Eines Tages lief ich Stötzner über den Weg, und er herrschte mich an, lautstark wie üblich: «Günter, hiergeblieben, sag deiner Mutter, sie muss das Fenster zum Hof mit Verdunklungspapier bekleben. Bei euch ist es abends immer so hell wie im Ballhaus Trichter», womit er ein Veranstaltungslokal auf St. Pauli meinte. «Und man kann in eure Küche gucken. Hast du verstanden? Na los, geh schon ...»

«Klar», sagte ich, «ich habe alles verstanden.» Und erlaubte mir im Weggehen noch eine kleine Frechheit: «War ja auch laut genug.»

«Was?», rief er, denn schon solche Kommentare aus einem Kindermund galten damals als Unverschämtheit. Schon holte er aus, um mir eine Ohrfeige zu verpassen, die aber dank meiner Schnelligkeit ins Leere ging. Zu Hause saß meine Mutter mit derselben Irmgard in der Küche, die auch gelegentlich meinen Vater besuchte. Beide kannten sich noch vom kommunistischen «Rote Mädchen Bund». Sie tranken Ersatzkaffee, auch Muckefuck genannt, und klönten. «Emil hat mich gerade angemotzt. Er sagte, in der Wohnung sei es abends immer zu hell. Wir sollen die Fenster verkleben, soll ich dir ausrichten.»

Meine Mutter plusterte sich auf: «Der kann mich mal», sagte sie.

«Die Küche ist hell beleuchtet, damit auch die Nachbarn sehen können, wie wenig ihr zu essen habt», sagte Irmgard. «Das hättest du ihm sagen sollen. Wenn unsereins eine Suppe kocht, dann gucken mehr Augen in den Topf rein als Fettaugen raus.»

Doch dann winkte meine Mutter ab: «Geh ihm lieber aus dem Weg, Günter, wir müssen vorsichtig sein, dem Kerl ist nicht zu trauen.»

Ich kannte damals den Unterschied zwischen Blockleiter und Luftschutzwart nicht. Aber anders als die Nachbarschaftsschnüffler mit Parteibuch hatten die Luftschutzwarte eine wirklich sinnvolle Funktion. Beide Funktionsträger trugen Zivil, einen Luftschutzwart erkannte man aber an seiner hellblauen Armbinde – sie sollte wohl den Himmel symbolisieren –, in der ein weißer Kreis war. Anders als der Blockwart war ein Luftschutzwart nicht automatisch der verlängerte Arm der Partei. Als Luftschutzwart konnte jeder eingeteilt werden, der ein wenig technisches Verständnis hatte.

Offiziell hieß es: Für die Gewährleistung der «Luftschutzbereitschaft» in den Kommunen waren die ehrenamtlichen Luftschutzwarte verantwortlich, die dem Reichsluftschutzbund (RLB) unterstellt waren, der wiederum zu Görings Luftfahrtministerium gehörte. So ein Luftschutzwart hatte alle Mitglieder einer Hausgemeinschaft zu beraten und technische Maßnahmen vorzubereiten. Während eines Luftangriffs nach dem Alarm bis zur Entwarnung hatten diese Menschen für Ordnung im Haus zu sorgen, den Hausbewohnern zu helfen oder sie zu maßregeln. In ihren Luftschutzrevieren achteten sie tatsächlich nur auf das Einhalten der Sicherheitsvorschriften und neigten allenfalls in seltenen Fällen zur Wichtigtuerei.

Und dann gab es noch ein ganzes Heer von «hauptamtlichen Parteifunktionären», sie trugen braune Uniformen mit den NS-Insignien. Eine für die Volkswirtschaft völlig überflüssige, weil unproduktive und teils parallel

zur bestehenden Verwaltung existierende Kaste aus Orts-
gruppen-, Kreis- oder Gauleitern sowie Statthaltern. So
hatte Hamburg neben einer Gauführung auch weiterhin
einen Senat, wenn auch nur mit beratender Funktion, neben einem Gauleiter also auch einen Bürgermeister. Manche dieser NS-Funktionäre trugen am rechten Arm einen
Ehrenwimpel, der sie als «alter Kämpfer», also Parteimit-
glied aus der Zeit von vor 1933 auswies. Einige trugen einen an den Hosenriemen baumelnden «Ehrendolch». Man
wusste oft nicht, welche Funktion sie ausübten. Sie bellten
lauthals Kommandos, die meistens sinnlos waren, weil sie
einfach nur wiederholten, was ohnehin allen bekannt war:
dass «beflaggt» werde müsse, zum Beispiel. Was bedeutete,
dass an NS-Feiertagen das ganze Haus verpflichtet war, die
Fenster mit den Fahnen des Dritten Reiches zu schmücken.

Meine Mutter erzählte gern, was ihr an einem 20. April
widerfahren war, dem «Führergeburtstag», auch wenn sie
nicht mehr genau wusste, in welchem Jahr es war. Wie üblich hatten alle Bewohner des Hauses an diesem Tag ihre
Verbundenheit mit Hitler zeigen und die Hakenkreuzfahne aus dem Fenster hängen müssen. Meine Mutter und
Helmut hatten jedoch keine Hakenkreuzfahne, stattdessen
schüttelte sie am Morgen eine der damals üblichen roten
Federbetten aus und hängte sie über das Fenster. Aus jeder Wohnung im Mietshaus Nagelsweg 49 hing also eine
Hakenkreuzfahne, nur im dritten Obergeschoss bei den
Kruschaks hing eine rote – zumindest sah das von unten
so aus. Ein NS-Ortsgruppenleiter, schwarze Hosen, braune
Jacke und Schirmmütze, bunt verziertes Rangabzeichen,
lief am Haus vorbei, sah das und stapfte fluchend die
Treppe hinauf. Aufgeregt klingelte er an der Tür. «Seid ihr

übergeschnappt, Lieschen», pöbelte er. «Was soll denn der Quatsch mit dem roten Fetzen? Träumst du immer noch von der Weltrevolution? Wenn ich das der Polizei melde, bekommst du Scherereien. Also weg mit dem roten Fetzen ...»

Die meisten Mitbürger hätten in diesem Moment vermutlich Demut geheuchelt und wären der Aufforderung des uniformierten Wichtigtuers gefolgt. Nicht aber meine Mutter. «Helma und Jürgen haben ins Bett gemacht, das Bettzeug hängt jetzt draußen, damit es trocknet», schleuderte sie, keineswegs auf den Mund gefallen, dem Mann entgegen. Und schob gleich noch hinterher. «Und wenn du schon mal hier bist: gestern war ich in eurem Parteibüro und habe gefragt, ob ich auch so eine Reichsfahne haben kann. ‹Kauf dir eine›, haben die gesagt. Ja glaubst du denn, wir haben Störtebekers Schatz gehoben? Für so etwas haben wir kein Geld ...», sagte sie und wollte schon die Tür schließen.

«Aber Lieschen, du musst doch selber merken, dass das wie kommunistische Propaganda aus...», versuchte es der Parteibonze ein letztes Mal.

Mein Stiefvater saß am Küchentisch, musste die ganze Zeit schallend lachen, was den braun Uniformierten zusätzlich ärgerte. Mama ließ nicht locker: «Kommunistische Propaganda? Dumm Tüch! Lass mich damit in Frieden, am ‹Führergeburtstag› wollen wir glückliche Kinder haben, die in einem trockenen Bett schlafen ...», sagte sie noch.

Dann schlug sie die Tür zu. Pikiert stapfte der NSDAP-Funktionär die Treppe hinunter, murmelte so etwas wie «Proletenpack» und gab sich geschlagen.

Solche «Volksgenossen» waren mit Vorsicht zu genießen.

Sie wollten gegrüßt werden, und man ging ihnen, wenn möglich, aus dem Weg. Im Volksmund wurden sie aufgrund ihrer mitunter phantasievollen Uniformen «Goldfasane» genannt. Hatte man zunächst noch Respekt vor ihnen, so änderte sich das, je länger der Krieg dauerte.

Opa Schill, der ja Schneidermeister war und es als Sozialist immer schwer hatte, Kunden zu finden, bediente solche Goldfasane erst gar nicht. Eines Tages, meine Mutter war gerade bei ihm zu Besuch, klingelte es an der Tür. Während Opa in seinem Wintergarten gerade nähte, öffnete Oma die Tür, kam zurück und flüsterte: «Da draußen steht so ein Partei-Heini, dem ist die Hose geplatzt und er will sie ändern lassen …»

Solche Änderungen waren damals üblich und preiswerter als der Neukauf einer Hose. Opa sah von seiner Arbeit gar nicht erst auf, sondern sagte etwas von «unpässlich».

Brav richtete Oma dem Wartenden aus: «Der Meister bedauert und lässt Ihnen ausrichten, dass er unpässlich sei. Er kann auf absehbare Zeit keine Arbeiten ausführen.»

Wütend stiefelte der Bonze die Treppen runter und sagte: «So sind sie, das Kommunistenpack, die ändern sich nie!»

Ganz allgemein nahm der Respekt diesen Parteibonzen gegenüber in der Bevölkerung ab, weil im Stadtbild immer mehr versehrte Soldaten auftauchten. Manche nur mit Verbänden, andere gar mit fehlenden, weil amputierten Gliedmaßen. Vor ihnen hatten die Menschen wirklich Respekt. Diese Kriegsversehrten hatten zwar einen zerstörten Körper, dafür aber von dem etwas zurückgewonnen, was dem Rest des Volkes genommen worden war: ein Stück Freiheit. Zum Beispiel die Freiheit, im begrenzten Rahmen seine Meinung zu sagen. Manche nahmen kein Blatt vor den Mund, wenn sie einen der großkotzigen Goldfasane sahen, und pöbelten gern mal laut los. Zum Beispiel so: «Warum bist du kein Soldat, sondern lungerst hier herum?»

Einmal hörte ich, wie zwei Soldaten ziemlich laut in Richtung eines solchen NS-Uniformträgers riefen: «Sieh dir diesen Blödmann an, so was lebt und Schiller musste sterben!»

Ich fragte meinen Vater im Flüsterton: «Wer ist denn Schiller?»

«Wahrscheinlich ein Kamerad, der gefallen ist», antwortete der.

«Die bekommen doch bestimmt Ärger, oder?», wollte ich dann wissen.

«Ach, wenn überhaupt, dann ein paar Tage Arrest, also Urlaubsverlängerung. Besser als an der mörderischen Front ist das allemal», antwortete er.

Tatsächlich war es nach den ersten Rückschlägen im Krieg ab Winter 1941 und der sich ständig verschlechternden Versorgungslage bald vorbei mit dem schönen Bonzenleben. Der Sozialneid gegenüber den üppig lebenden Goldfasanen führte zu immer offener geäußerten Kritik. Und das Regime nahm den aufgestauten Unmut ernst, fürchtete man doch, dass die «Heimatfront» wie im Ersten Weltkrieg, als Streiks das Land lähmten, rebellieren könnte. Also reagierte das Regime und opferte einige seiner Paladine. Zunächst verordnete Hitler seinen Goldfasanen 1942 eine bescheidenere Lebensführung. Dann gab es sogar Schauprozesse gegen angebliche Kriegsgewinnler, um Entschlossenheit zu demonstrieren und Druck aus dem Kessel zu lassen. So wurde über einen Prozess gegen den

Gauamtsleiter der NS-Volkswohlfahrt Schleswig-Holstein berichtet, Wilhelm Janowsky. Nach Bombenangriffen auf deutsche Städte im Frühjahr 1942 hatte die NS-Führung die Versorgungsmittellager geöffnet und den Inhalt an Ausgebombte verteilen lassen. Janowsky hatte dabei Pralinen, Sekt, Zigarren, Kleidung und Schuhe für sich und seine Freunde abgezweigt. Ein Gericht verurteilte ihn im August 1942 nach der «Volksschädlingsverordnung» zum Tod. Das Urteil wurde im Dezember vollstreckt, er war zum Bauernopfer geworden. Tatsächlich verschwanden die Goldfasane allmählich aus dem Stadtbild, auch sie wurden eingezogen, kamen an die Front. So wie der Vater meines Schulfreunds Gerhard Reichmann aus der Hasselbrookstraße. Er fiel nach kurzer Zeit, wie die Familie durch einen Beileidsbrief des Kompaniechefs erfuhr.

Der bekannteste NS-Funktionär aus der Gattung der Goldfasane war allerdings Hermann Göring, der tatsächlich im Volk eine gewisse Popularität besaß, auch wenn er der Gegenstand vieler Witze war. Er galt als der Nazi-Minister, der die Nähe zum Volk suchte und sich zudem nicht immer dieser verquasten NS-Sprache bediente. Das machte ihn aber nicht «menschlicher», natürlich war auch er ein Verbrecher und Judenhasser.

Etwa zeitgleich mit den ersten Luftangriffen begann die NS-Führung die Kinder aus den Großstädten in ländliche Gebiete zu schicken – Kinderlandverschickung hieß das, eigentlich eine Idee aus der Zeit vor der Nazi-Herrschaft, damals war es noch vorrangig um Erholung gegangen. Hitler selbst soll die Idee einer «erweiterten Kinderlandverschickung» nach einem der ersten schweren Bombenangriffe auf Berlin Ende 1940 gehabt haben. «Auf Anordnung des

Führers werden Kinder aus Gebieten, die immer wieder nächtliche Luftalarme haben, zunächst insbesondere aus Hamburg und Berlin, auf Grund freier Entschließung der Erziehungsberechtigten in die übrigen Gebiete des Reiches verschickt ...», hieß es am 27. September 1940 in einem vertraulichen Rundschreiben des Reichsleiters Martin Bormann.

Mein Bruder Hermann und ich verbrachten daher zwei Mal eine längere Zeit im oberfränkischen Coburg. In Hamburg wurde die Kinderlandverschickung mit dem Motto «Kinder erleben die Berge!» schmackhaft gemacht. Die Großstadtkinder sollten das Landleben kennenlernen, damit sie den Alltag in anderen Gegenden, vor einem anderen topographischen und sozialen Hintergrund erlebten, so die Argumentation der NS-Führung. In der Bevölkerung erzeugte das aber Misstrauen. Schon wurde gemutmaßt, die «luftgefährdeten Großstädte» würden «evakuiert», es wurde gar von einer «getarnten Zwangsevakuierung» gesprochen, wie in geheimen Lageberichten nachzulesen ist. Natürlich wollten viele Kinder nicht ihre Eltern verlassen, zudem blieb ein Gefühl der Ungewissheit, ob man seine Eltern angesichts der zunehmenden Bombardierungen wohl jemals wiedersah. Überwiegend fanden die zehn- bis vierzehnjährigen Kinder den «Urlaub» auf dem Land, in den sie mit ihren Lehrkräften geschickt wurden, aber erholsam und schön.

Nicht nur beim Thema Kinderlandverschickung, insgesamt beherrschten die Nazis die moderne Öffentlichkeitsarbeit aus dem Effeff, damals nannte man es Propaganda, heute würde man vielleicht «Public Relations» sagen. So begleiteten sie viele ihrer Initiativen mit Plakaten, mit gezeichneten, einprägsamen Graphiken. Das war sehr modern. Da gab es ein Plakat, auf dem war ein kleines Mädchen zu sehen, das mit erhobenen Armen fortlief, während hinter ihm die Bomben fielen, darüber stand: «Mutti, bring mich weg.»

Auf anderen wurde an das Volk appelliert, Strom und Rohstoffe einzusparen. Auch das Verhalten bei Fliegerangriffen wurde mit Hilfe graphischer Plakate dargestellt. Mir ist ein schreckliches Plakat in Erinnerung. Es zeigte ein schräg anfliegendes, zweimotoriges feindliches Bombenflugzeug, auf dem ein menschliches Skelett mit grinsendem Totenschädel saß. In der Knochenfaust hielt es eine Bombe, die es auf eine unten liegende, idyllisch beleuchtete Kleinstadt werfen wollte. Darüber stand groß: «Der Feind sieht Dein Licht!» Und ganz unten wurde dann in noch größeren Lettern «Verdunkeln!» gefordert. Das war einprägsam, bei uns Kindern zumindest wirkte es. Wer wollte schon dafür verantwortlich sein, wenn der Tod Bomben auf Deutschland wirft? Es gab auch Brettspiele, eines hieß «Luftschutz tut not!». Da lernten wir spielend, wie man vom Wohnzimmer aus in den Luftschutzkeller gelangte, allerdings war das vom Würfelglück abhängig.

Unangenehm war es, wenn im Treppenhaus ein Plakat klebte, auf dem in Rot eingerahmt zu lesen war: «Dieses Haus ist schlecht verdunkelt!» Darunter wurden die Bewohner in einem langen Text bezichtigt, nicht nur sich, sondern auch die Anwohner zu gefährden, denn «der Feind wirft seine Bomben dort ab, wo er einen Lichtschein bemerkt». Die Aufforderung endete mit der Mitteilung, dass das Plakat erst entfernt werde, wenn die Bewohner ihr Fehlverhalten änderten. Das wirkte wie ein öffentlicher

Pranger. Tante Olga, die in ihrem Laden ja nicht nur Gemüse verkaufte, sondern auch alle Informationen der nächsten Umgebung einsog, wusste von Hausgemeinschaften zu berichten, die solchen Anschuldigungen ausgesetzt waren. Auch am Ende jeder Kinovorstellung hieß es immer wieder: «Achtung, Feind hört mit!» Und: «Denkt an die Verdunkelung!»

Bei den Diensten in der Hitlerjugend wurden Luftschutzübungen durchgeführt. Zivilisten, auch schon in unserem Alter, konnten in den Parteidienststellen neben den Volksgasmasken auch Armbinden und bläuliche Luftschutzhelme bekommen. Mitunter veranstalteten Luftschutzwarte unter der Schirmherrschaft des Reichsluftschutzbundes auch Schauveranstaltungen, auf denen man der Bevölkerung zeigte, wie man Brandbomben löscht. Im Fall eines Treffers durch eine der kleinen Brandbomben, im Volksmund auch Stabbomben genannt, sollte man mit einem Kübel Wasser an der Hand auf den Dachboden rennen, anschließend die Bombe greifen und ins Wasser geben. Zudem wurde empfohlen, den Fußboden in den Wohnungen von Holzdielen und Teppichen zu befreien, damit auf dem nackten Estrichbeton nichts anbrennen konnte. Das alles klang recht logisch, mutete aber angesichts dessen, was den deutschen Städten tatsächlich drohte, eher hilflos an.

Eine kurze Illusion
von Familienleben

«Na ja, das bin ich meinem ehemaligen
Genossen schuldig, kommt schon rein, Jungens.»

Helmut Kruschak, der neue Mann meiner Mutter

Im September 1942 wurde auch unser Vater zum Militär eingezogen. Der Krieg, der zumindest unsere Familie bis dahin verschont hatte, wirkte sich erstmals spürbar auf unser Leben aus. Als 34-Jähriger war unser Vater bereits im «gehobenen Soldatenalter» und musste zumindest nicht direkt an die russische Front. Man schickte ihn zu einer neuen, eher seltenen Waffengattung: zur Ausbildung in einer Granatwerferbatterie, auch «Nebelwerfertruppe» genannt. Auch wenn der Name danach klang, mit dem Wetterphänomen hatte diese Truppe nichts zu tun. Vielmehr war der Name dem Erfinder dieser Waffe entliehen, Rudolf Nebel. Der Nebelwerfer war das Gegenstück zu den gefürchteten Katjuscha-Raketen der Roten Armee, auch Stalinorgel genannt.

Nach einer kurzen Ausbildung wurde Vater nach Frankreich versetzt, später, Anfang 1943, an die Kanalküste. Seine Einberufung hatte zur Folge, dass Hermann und ich die Wohnung in der Papenstraße im Stadtteil Eilbek, in der er gemeinsam mit seiner zweiten Frau Lizzy lebte, verließen. Wir waren wohl klassische Scheidungskinder, denen nach der Trennung die «elterlichen Koordinaten» verloren gegangen waren, was sich bei uns in einer rebellischen, aus heutiger Sicht auch frechen Haltung gegenüber der in Erziehungsdingen eher unbedarften Lizzy von Goedelt äußerte. Die junge Frau war überfordert und wurde mit uns beiden schlicht nicht mehr fertig. Als sie in ihrer Verzweiflung mir gegenüber einmal handgreiflich wurde, beschloss Hermann im Namen von uns beiden den Auszug. An einem Herbsttag 1942 packten wir unsere Sachen und standen wenig später im Nagelsweg 49. Im zweiten Stockwerk wohnte unsere Mutter mit Helmut Kruschak und unseren kleinen Halbgeschwistern Helma und Jürgen. Weil wir dort oft zu Besuch gewesen waren, fühlten wir uns nicht einmal fremd, als wir dort vor der Tür standen.

Muttis Mann Helmut, der ehemalige Kampfgenosse meines Vaters, reagierte auf unser Eintreffen großartig und verantwortungsvoll: Er nahm uns freundlich auf. «Na ja, das bin ich meinem ehemaligen Genossen schuldig, kommt schon rein, Jungens», hieß er uns willkommen. Das war einerseits seiner der Solidarität verpflichteten kommunistischen Gesinnung geschuldet, aber auch Ausdruck eines damals ganz selbstverständlichen Verantwortungsgefühls der einfachen Leute: Man rückte, wenn nötig, einfach zusammen, ohne zu murren.

Und trotzdem war es ein Zeichen von Helmuts menschlicher Größe, dass er die beiden Jungs des Ex-Ehemanns seiner Frau, beide im pubertären oder vorpubertären Alter, in seine Familie integrierte. Ich rechne ihm das noch heute hoch an, selbst wenn es vermutlich das schlechte Gewissen war, das ihn plagte. Denn schließlich hatte er seinem Kameraden die Frau ausgespannt. Hermann und ich nannten unsere Mutter auch nicht mehr «Mama», diese Bezeichnung überließen wir unseren neuen Halbgeschwistern. Für uns war sie ab sofort «Mutti». Ich habe sie bis zu ihrem Tod 1991 so genannt.

Helmut war als Facharbeiter im Flugmotorenbau der Firma Klöckner beschäftigt. Weil er gute Kenntnisse hatte, war er UK gestellt, also unabkömmlich und musste nicht Soldat werden. Er sagte immer zu uns: «Ick lot mi doch nich för de Nazis dodscheeten.» (Ich lasse mich doch nicht für die Nazis totschießen.)

Trotz des warmen Empfangs kamen wir mit dem unguten Gefühl, eine Last zu sein, in eine Familie einzudringen, deren Teil wir bislang nicht waren. So wie wir uns auch zuvor als Last im «neuen Leben» meines Vaters mit Lizzy gefühlt hatten. Ich verspürte damals das drängende Bedürfnis, «meinen Platz» in diesem Leben zu finden. Einen Platz, der nur für mich reserviert war. Und es gab eigentlich nur einen Menschen, an dessen Seite dieser Platz war: Hermann.

Doch mein großer Bruder, mittlerweile 15 und mit seinen 1,70 Meter so groß wie ein Erwachsener, war auch mir ein wenig «entrückt». Zum Beispiel, was seine politische Haltung betraf. In der Hitlerjugend, wo Hermann sehr aktiv war und es bis zum Scharführer brachte, hatte er einen Freund, der Peter hieß. Peter war stolz darauf, Nationalsozialist zu sein, und bemühte einmal mir gegenüber ein Stalin-Zitat, um das zu begründen: «Um also in der Politik nicht fehlzugehen, muss man vorwärts schauen und nicht rückwärts. Und das eben tun wir für ein besseres Deutschland.» Und dann sagte er sinngemäß noch so etwas wie:

«Was kümmern uns die anderen, die kümmern sich ja auch nicht um uns.»

Hermann runzelte die Stirn, ihm wurde bei diesem «ideologischen Mix» zu viel zusammengerührt, aber im Grund stimmte er mit Peter überein: Recht hatte, wer das Morgen gestaltet. Der Blick zurück war etwas für Historiker.

Hermann wurde zum Anhänger der Nazi-Ideologie, ohne jedoch fanatisch zu sein. Und trotz dieser Überzeugung blieb er dem, was man heute «Fairplay» nennt, verpflichtet, also Regeln der Fairness. Nach einem ganzen Tag, den wir in den Harburger Wäldern mit Beerenpflücken zugebracht hatten, bestiegen wir abends müde eine Straßenbahn, die an der Endstelle noch leer war. Wir hatten eine ganze Bank eingenommen, ich war ein bisschen eingenickt. Die Bahn füllte sich von Haltestelle zu Haltestelle allmählich, je weiter wir uns der Hamburger Innenstadt näherten. Damals war es üblich, dass Kinder Erwachsenen Platz machten. Ein Ehepaar stieg zu und der Mann herrschte uns an: «Könnt ihr nicht mal Platz machen?»

Hermann antwortete freundlich, aber bestimmt: «Mein kleiner Bruder ist todmüde», und dann nahm er mich auf den Schoß. «Setzen Sie sich bitte, Sie können ja Ihre Dame auch auf den Schoß nehmen», sagte er grinsend.

Die anderen Fahrgäste lachten, der Mann aber war stinksauer, murmelte etwas, das wie «Rotzlöffel» klang.

Hermann sagte zu mir: «Siehst du Goschoi, das Spiel steht 1 zu 1, schlaf man ein, ich weck dich dann.»

Dabei war er eigentlich nie witzig und neigte auch nicht zum Rebellieren, eher erinnere ich mich an ihn als ernst, etwas frühreif, aber stets bemüht, vernunftgeleitete Lösungen zu finden. In unserem Leben regelte er alles, obwohl er nur 14 Monate älter war als ich. Für mich war das sehr bequem und ich ließ es geschehen. Er war ein «Früherwachsener», der als 15-jähriger Kaufmannslehrling zum Beispiel auch täglich selbst seine Hemden bügelte. Er war eben sehr eigen mit seinen Sachen und brauchte diese «Rituale» für sein Selbstverständnis als Berufstätiger. Irgendwann hielt er mich auch zum Bügeln an. «Du solltest das auch lernen …» Ich wollte aber nicht, war bockig und warf das Plätteisen, wie das Bügeleisen damals hieß, in die Ecke. «Heb das sofort auf», forderte Hermann mich drohend auf.

Ich tat es und er übernahm dann für mich das Bügeln meines Hemdes, murmelte dabei: «Kannst das ja doch nicht, lütter Kasper. Hau schon ab und geh spielen, dein spitteliges Hemd kann ich mit bügeln.»

«Unsere» neue Wohnung war für damalige Verhältnisse geradezu komfortabel. Das war dem Vermieter zu verdanken, Herrn Weigand, einem geschäftlich erfolgreichen Tischler mit einer großen Werkstatt im Hinterhof des Hauses. Die Wohnungseingangstür hatte eine große, geriffelte Glasscheibe, das wirkte hell und freundlich. Auf das Glas war eine Hand mit einem ausgestreckten Finger gemalt – der wies auf den Briefeinwurfschlitz. Die Wohnung hatte ein großes Schlafzimmer und eine ebenso große «gute Stube». Der Vermieter hatte sein modernes Mobiliar den Kruschaks hinterlassen. Es gab eine Waschküche und eine Duschecke mit einem riesigen Wasserboiler, so etwas hatte damals kaum eine Wohnung im Hamburger Osten. Die Dusche benutzten wir aber selten, weil viel Wasser in den Boiler eingelassen werden musste, die Beheizung sehr lang dauerte und viele der kostbaren Kohlen verschlang.

Die Wohnung hatte noch eine kleine Kammer, in die zogen Hermann und ich. Vor uns war diese Kammer an einen Dänen vermietet worden, der bei den Hamburger Elektrizitätswerken (HEW) Kohlen schaufelte. Er wusch sich nicht gern und Mutter ermahnte ihn stets: «Jens, du bist noch schmutzig!»

Seine Antwort war stets dieselbe: «Ja, ja, Schweinerei, die Kohle …»

Ich erinnere mich noch von meinen Besuchen vor unserem Einzug, dass er nie Fisch aß. «Zu viele Knochen», sagte er stets. Hermann und ich kicherten uns dann zu und stießen uns gegenseitig in die Rippen. Am ungemütlichsten von allen Räumen war die Küche mit dem Fenster zum Innenhof, weil es da stets dunkel war.

Viele Nachbarn lernten wir nicht kennen, weil meine Mutter ein loses Mundwerk hatte und als «Ehebrecherin» nicht den besten Ruf genoss. Frauen hatten bei ihren Männern zu bleiben, ob die Ehe intakt war oder nicht – war die damals verbreitete Meinung. Im Erdgeschoss wohnte ein älteres Ehepaar, das im Keller eine Wäscherei betrieb, auf die ich später noch einmal zu sprechen komme. In der Wohnung daneben wohnte eine Freundin meiner Mutter, Bringfriede Stoll. Neben uns im zweiten Stockwerk lebte eine junge Frau; sie hieß Gerda und war schätzungsweise 20, hatte blonde Locken, große Augen und war etwas größer als ich. Gerda war sehr hübsch, das fiel mir sofort auf. Bei einem der Besuche vor unserem Einzug sah ich, wie sie unter Tränen ihren Mann verabschiedete, der als Marinesoldat auf einem U-Boot diente. Sie hatten einen zweijährigen Sohn, Wolfgang, den wir alle «Wolla» nannten. Ich ging oft rüber, um mit «Wolla» zu spielen.

Gerda nahm mich dabei gern in den Arm, war sehr lieb

und vertraulich zu mir. Das war ich von meinen Eltern nicht gewohnt. Sie war eine richtige Schmusekatze. Gerdas Berührungen taten mir gut, ich genoss es. Und manchmal küsste sie mich sogar auf den Mund. Und weil es wie zufällig und ohne große Ankündigung passierte, wirkte ich etwas irritiert und ratlos – wie sollte ich damit umgehen? War es richtig, das gut zu finden? Wo verläuft die Grenze, die eine freundschaftliche Umarmung zu einer intimen werden lässt? Ich fand keine schlüssige Erklärung dafür und redete mir ein, das sei dann wohl normal und Ausdruck großer Sympathie. Rückblickend glaube ich, die junge Frau war sehr einsam und einfach nur traurig, brauchte viel Nähe und Berührung. Wenn ich sagte: «Ich geh dann mal rüber zu Wolla …», blickte mich Mutti zunehmend fragend an.

«Zu Wolla?», fragte sie zurück. Frauen scheinen zu spüren, wenn Grenzen tangiert werden.

Und tatsächlich beobachtete meine Mutter eines Tages, wie Gerda mich umarmte, und fühlte sich in ihrem «komischen Gefühl» bestätigt. Sie war eine Arbeiterfrau mit rustikalen Umgangsformen und missverstand diese Form körperlicher Nähe natürlich. Als wir dann wieder in den eigenen vier Wänden waren, stellte sie mich zur Rede: «Da gehst du nie wieder hin, hörst du, Günter? Du bist 14 und fast noch ein Kind, da umarmt man fremde Frauen nicht …»

Als Kommunistin war sie keine Moralpredigerin, bürgerliche Konventionen kümmerten sie nicht. Aber sie befürchtete wohl, dass es Ärger mit Gerdas Ehemann geben könnte; außerdem war ich ja noch ein Kind. Natürlich widersprach ich ihr nicht. Denn ich war froh, hier wohnen zu dürfen. Doch ich vermisste später die Begegnungen mit Wollas Mutter und glaube heute, dass ich damals ein bisschen unter Liebeskummer litt.

Es war gar nicht lange nach unserem Einzug am Nagelsweg, da wurde ich überrascht, als ich nach Hause kam und meinen Vater antraf. Er saß in Wehrmachtsuniform am Küchentisch und sprach mit meiner Mutter. Dass beide friedlich miteinander redeten – das hatte ich seit Jahren nicht mehr gesehen. Helmut Kruschak war nicht dabei, er war wohl noch auf Arbeit. Ich hätte vor Rührung beinahe geweint. Und natürlich dachte, nein wünschte ich mir im Stillen, sie mögen wieder zusammenkommen. Aber darum ging es bei seinem Besuch überhaupt nicht. Vielmehr ging es um uns. Die Überschreibung der Erziehungsberechtigung auf meine Mutter war noch nicht rechtskräftig. Verstohlen äugte ich durch die geöffnete Küchentür und bestaunte die nagelneue Uniform, die mein Vater trug.

Es ging zwischen beiden sehr sachlich zu. «Hier musst du deinen Wilhelm druntersetzen», sagte sie und hielt ihm ein Formular hin. Auf dem stand, dass er mit dem Aufenthalt seiner Söhne bei der Mutter einverstanden war.

«Na dann gib den Wisch mal her», sagte mein Vater und kritzelte seine Unterschrift auf das Amtsschreiben. Dabei rutschte sein Ärmel nach oben und mein Blick fiel auf eine schöne Armbanduhr der Marke Omega oder Junghans – genau erinnere ich mich nicht. Für eine Arbeiterfamilie im Hamburger Osten waren solche Uhren unerschwinglich. Aber Vater hatte durch die Liaison mit Lizzy ja jetzt Schwiegereltern, die ziemlich begütert waren.

Später strich er mir über den Kopf und sagte: «Grüß mir den Hermann schön und seid bitte vorsichtig.» Er lachte, während er sagte: «Und nie vergessen, Günter: Wenn dein Stahlhelm auf dem Rohr heult, dann schnell ab in den Luftschutzkeller. Ich hoffe, dass wir uns bald wiedersehen.»

Er drückte seiner «Ex», wie man das heute nennt, die Hand – eine Umarmung wäre vermutlich schon zu intim gewesen. «Na dann tschüs», sagte er und polterte in seinen Stiefeln die Treppe hinunter. Und tatsächlich wischte sich Mutti eine Träne von der Wange, als er ihr den Rücken zugekehrt hatte.

Zum alljährlich wiederkehrenden Stadtbild im Herbst gehörten die Parteimitglieder und Hitlerjungen, die klappernd mit ihren roten Sammeldosen Geld für das Winterhilfswerk sammelten. Doch die Zeiten änderten sich, Geld war gar nicht mehr so gefragt, Sachspenden standen hoch im Kurs. Pelze, Pullover, Wollsocken, sogar ganze Skibretter oder Schlitten wurden für den Krieg benötigt. Ich erinnere mich an ein Plakat, auf dem man eine Feldkanone sah, hinter der zwei Soldaten mit einer Granate hantierten, mit der das Geschütz vermutlich geladen wurde. Ein dritter Soldat wandte sich direkt mit ausgebreiteten Armen an den Betrachter. Seine Botschaft lautete, man benötige Geld für die Front oder so ähnlich. Ich hatte stets viel Zeit, mich umzuschauen, weil ich einen langen Schulweg hatte. Trotz unseres Umzugs nach Hammerbrook ging ich weiter in meine alte Schule in Eilbek, in der ich zumindest die achte Klasse beenden wollte. Erst zu Ostern würde es das Abschlusszeugnis geben. Weil das Schuljahr damals stets vor den Osterferien endete und nach ihnen begann, hieß die Schultüte für Anfänger damals bei uns auch Ostertüte. Zum Schulweg gehörte, dass ich täglich vier Kilometer mit der Vorortbahn zurücklegte, wie wir die S-Bahn immer noch nannten.

Im Oktober 1942 war ich, endlich 14 Jahre alt, vom Jungvolk in die Hitlerjugend aufgestiegen und es war mir erlaubt, nun auch die rot-weiß-rote Armbinde mit dem Hakenkreuz zu tragen. Und darauf war ich stolz. Denn jetzt war ich auch optisch als Jugendlicher erkennbar, die Kindheit war vorüber. Rangabzeichen trug man als Hitlerjunge nicht mehr am Arm, sondern, wie auch die Soldaten, auf der Schulter.

«Langsam wirst du jetzt ein Edelnazi», lästerte meine Mutter, der das gar nicht passte.

«Ach Mutti», sagte ich, «die Jungens haben das doch alle. Du sagst doch, dass es bald wieder vorbei ist. Ich verspreche dir, dann trete ich sofort wieder in den Roten Jungensturm ein.»

Ich glaube, das habe ich damals ernst gemeint. Ob Nazioder kommunistische Jugend, ich wollte einfach dazugehören und nicht abseits stehen.

Aus heutiger Sicht hatte der Beginn der «lichtarmen Zeit» Ende 1942 etwas Symbolhaftes – was zum Beispiel die eingetrübte Stimmung betraf oder die Präsenz des Krieges in unserem Alltag. Es wurde düster, was auch daran lag, dass alle Fenster mit schwarzem Papier verklebt werden mussten. Doch nicht allein diese, auch bei den wenigen Autos, die noch fuhren, und den Fahrrädern mussten die Beleuchtungen schwarz abgeklebt werden, nur fingerbreite Lichtstreifen wurden ausgespart. Diese Vorschrift galt sogar für Taschenlampen.

Eines Tages sah ich Hermann, der bereits seit einem Jahr eine Ausbildung zum Kaufmannsgehilfen bei der Großein-

kaufs-Gesellschaft Deutscher Consumvereine (GEG) machte, auf der Straße eingehakt mit einem Mädchen gehen.
Sie trug die Uniform des Bundes Deutscher Mädel (BDM),
des weiblichen Gegenstücks zur HJ: weiße Bluse, Krawatte,
einen halblangen dunklen Rock, dazu weiße Socken. Als
ich ihn darauf ansprach, kam von ihm: «Kümmere dich um
deine Matheaufgaben, das geht dich nichts an …»

Also fragte ich ihn nie wieder, wer das war. Von sich aus
erzählte er mir ohnehin nichts von ihr. Wir waren in Bezug
auf Mädchen wirklich verklemmt und taten uns schwer,
darüber zu reden. In der Folgezeit beobachtete ich ihn oft,
wie er zu Hause rastlos auf seine Uhr schaute, die ihm Lizzy
einst geschenkt hatte. Und dann irgendwann am späten
Nachmittag losstürmte. Ich glaube, er hatte damals eine
Freundin. Aber sehr intensiv mochte diese Beziehung nicht
gewesen sein, denn neben seiner Lehre, den Pflichten zu
Hause und seinen HJ-Nachmittagen blieb nicht viel Zeit für
solche Treffen.

Als Scharführer wurde Hermann von der HJ sehr oft in
Beschlag genommen. Zum Beispiel für den berüchtigten
Streifendienst. Der Besuch von Kinos oder Lokalen war
Jugendlichen eigentlich untersagt, insbesondere Filme
wie «Das Bad auf der Tenne» mit Heli Finkenzeller waren
Jugendlichen streng verboten. Darin gab es nämlich eine
Szene, in der sie sich nackt wusch und ihre Brüste zu sehen
waren – zur damaligen Zeit eine Ungeheuerlichkeit! Doch
gerade das übte auf uns natürlich eine große Anziehungs-
kraft aus. So mogelten sich einige von uns in die Kinos,
auch ich schlich mich in die Schauburg in Wandsbek, um
einen Blick zu erhaschen.

Die HJ machte regelmäßig Jagd auf Jungs wie uns, die

einfach mal ein bisschen gaffen wollten. Mitunter gewaltsam wurden wir aus den Kinos geholt. Doch meist schlugen die HJ-Aktivisten erst zu, wenn die Szene vorüber war – sie wollten ja selbst in den Genuss der nackten Tatsachen kommen. Dann aber folgte der Rabatz, oft setzte es blaue Augen und Beulen.

Hart ging man mit jenen um, die sich der diktierten Norm des Regimes widersetzten, sie wurden wie Feinde behandelt. In Hamburg waren die «Swing Boys» oder die Edelweißpiraten sehr aktiv. Die Hitlerjugend machte auf sie regelrecht Hatz. Erwischte man welche, gab es Prügel, die an Misshandlung grenzten. Hermann sagte mir einmal vertraulich, dass er an solchen Einsätzen grundsätzlich nicht teilnahm. Immer schob er «Arbeitsüberlastung» vor, was auch akzeptiert wurde, da er ja in der Lehre war, sich auf Prüfungen vorbereiten musste und nebenbei mitunter Tante Olga im Laden half.

Obwohl er politisch auf den Nazi-Kurs eingeschwenkt war, hatte Hermann kein Problem damit, dass wir in Helmuts Wohnung heimlich Radio London hörten. Es blieb ihm natürlich auch nichts anderes übrig, wir waren ja eher geduldete Gäste und hatten kein «Hausrecht». Dazu muss man wissen: Wer damals Feindsender hörte, dem drohte seit September 1939 in Deutschland die Todesstrafe, nichts Geringeres. Und es gab viele, die dafür mit ihrem Leben bezahlten. Es stand für Helmut also viel auf dem Spiel. Und Denunziation, selbst innerhalb der Familie, war im NS-Staat nichts Außergewöhnliches.

Bereits 1936, ich war bei Helmut und Mutti zu Besuch, hatte ich eines Tages beobachtet, wie zwei Männer eine große Holzkiste in die Wohnung am Nagelsweg geschleppt hatten. In der Kiste war ein großer Radioapparat. Der war doppelt so groß und auch von der Ausstattung her nicht zu vergleichen mit den simplen Volksempfängern, die in den meisten Haushalten standen. Auf der erweiterten Skala waren auf beleuchtetem Glas alle europäischen Stationen angezeigt – vom Reichssender in Königs Wusterhausen bis zu den Sendern Hilversum und London. Mutter meinte, dass wir damit auch Moskauer Sender empfangen könnten. Später erzählte sie mir, Helmut habe den Radioapparat von der illegalen Gruppe der Kommunistischen Partei erhalten, um so auch geheime Informationen zu empfangen. Aber genau weiß ich das nicht. Klar ist nur, dass die beiden damals nicht das Geld gehabt hätten, sich solch ein Gerät zu leisten.

Als wir dann bei Helmut wohnten, durfte ich manchmal Radio London mithören, dazu waren aber stets Vorsichtsmaßnahmen zu ergreifen. Ich setzte mich also vor den Kasten, er stülpte mir eine Wolldecke über den Kopf, dann drehte Helmut am Knopf und der Sendersucher wählte die entsprechende Frequenz. Zur vollen Stunde war dann dieser tiefe, vierfache Paukenschlag zu vernehmen. Das war die Anfangsmusik von Beethovens fünfter Symphonie, gleich darauf hörte man: «Hier ist England, hier ist England!»

«Nein, ich krieche nicht unter die Decke», weigerte sich Hermann stets, wenn er gefragt wurde. Als wir dann in unser Zimmer gingen, um uns schlafen zu legen, sagte er zu mir: «Ich habe keine Lust, mir das Gesabbel vom Lügen-Lord anzuhören», womit er den britischen Premierminister Winston Churchill meinte.

«Aber der hat doch gar nicht gesprochen», sagte ich daraufhin.

«Mann bist du blöd», kam von ihm. «Der bestimmt aber, was gesagt werden muss, und das meiste davon ist gelogen.»

Als er sah, wie verunsichert ich jetzt war, fügte er hinzu: «Wenn ihr das macht, ist das eure Sache. Ich verrate es nicht. Aber ich will das dumm Tüch aus England nicht hören.»

Dabei blieb er auch. Ich fragte später Helmut: «Ist es wahr, dass Churchill immer lügt?»

Der sah mich mit großen Augen an, sagte dann halblaut wie unter großer Vertraulichkeit: «Das behaupten die Nazis. Dabei haben die in ihren Reihen einen, der lügt viel schlimmer als der Lügen-Lord. Und der heißt Joseph Goebbels.»

Inzwischen gab es auch am hellen Tag Fliegeralarm. Für uns Städter gehörten Luftangriffe längst zum Alltag, auch wenn ihre Auswirkungen noch immer überschaubar schienen. Aber in den Großstädten nahmen die Zerstörungen zu, auch in Hamburg. Waren es später ganze Stadtteile, die in Trümmern lagen und in denen nur noch einzelne intakte Gebäude auffielen, so waren es in jenen Monaten die punktuellen Schäden. Hier ein Haus, an dem eine ganze Fassade weggesprengt worden war. Dort ein gigantisches Loch in der Straße, sodass der Verkehr einspurig umgeleitet werden musste.

Schicksalsjahr 1943

«Bei uns ist ein Blinder
auf den Balkon gefallen.»

Der kleine Peter,
Bruder meines Schulfreunds Bruno

Der Glaube an einen schnellen Endsieg, er starb auch bei den größten Optimisten, trotz intensiver Propaganda. In Berichten von der Front war nur noch von erfolgreichen Abwehrschlachten die Rede, mit geringfügigen, örtlichen Einbrüchen. Weihnachten 1942 war an Tristesse kaum zu überbieten. Dass es unser letztes gemeinsames Weihnachten sein sollte, ahnte ich natürlich nicht. Auch nicht, dass es das Ende eines Lebensabschnitts markierte. Traurig war es auch so. Zu essen gab es Bohneneintopf, verloren schwammen darin einige Wurststücken. Die wenigen Süßigkeiten, die wir uns für Lebensmittelmarken kaufen konnten, bekamen meine kleinen Halbgeschwister Helma und Jürgen. Im Radio wurde die «Weihnachtsringsendung» übertragen, mit «Live-Schaltungen» ans Eismeer, nach Stalingrad, in den Kaukasus, nach Kreta und Tunis in Afrika. Es war ein Spektakel des Größenwahns, Soldaten und die Heimat tauschten Weihnachtsgrüße aus, am Ende sang man gemeinsam «Stille Nacht, heilige Nacht», moderiert vom «Erfinder» der Sendung, Werner Plücker. Diese Konferenzschaltungen von einem Rand Europas zum anderen und sogar bis nach Afrika machten damals mächtigen Eindruck auf mich. Die halbe Welt wurde vom Deutschen Reich beherrscht, nichts hielt dieses Land auf. Geradezu kläglich und arm kam mir vor diesem Triumph das kleingeistige Festhalten von Mutti, Helmut und meinem Vater an ihren kommunistischen Idealen vor, die aus dem vergangenen Jahrhundert stammten. Bewies das Leben nicht gerade, welche der beiden Ideologien die stärkere, also besser war?

Mutti erzählte, dass sie vor zehn Jahren mit Vater einen üblen Streit hatte, weil der sich weigerte, einen Weihnachtsbaum zu kaufen. Denn er war der Meinung, dass Weihnachtsbäume und dieses ganze Tamtam Ausdruck bürgerlicher Dekadenz seien, denen man sich als linientreuer Kommunist zu widersetzen hätte. Und er schämte sich vor seinen Genossen, mit einem Weihnachtsbaum durch unseren Stadtteil zu latschen, wie er sich ausdrückte. Doch am Ende setzte sich Mutti durch, wie so oft. «Aus der Wohnung geschlichen hat er sich im Schutze der Dunkelheit», erzählte sie lachend, «damit ihn ja keiner seiner Genossen sah, als er dann doch einen Weihnachtsbaum an der St.-Gertrud-Kirche in St. Georg kaufte.» Auch wir Jungen mussten lachen. Lang war das her. «Heute wäre er froh, daheim unterm Baum mit seinem adligen Bürgerfräulein in Frieden Weihnachten feiern zu können», konnte sich Mutti eine Spitze auf Vaters neue Liebe Lizzy nicht verkneifen.

Silvester war dann noch etwas trauriger, falls das überhaupt möglich war. Mittags gab es Bratheringe, eine Sonderzuteilung, und meine Mutter zauberte mit dem wenigen Mehl, das wir hatten, einen kleinen Napfkuchen. Auf Knaller und Feuerwerk wurde damals ganz verzichtet, aus nachvollziehbaren Gründen. Zudem hatte Helmut gedroht:

«Knallfrösche und Kanonenschläge kommen mir nicht ins Haus!» Niemand hatte das Bedürfnis, es knallen zu lassen. Weil deutsche Städte regelmäßig bombardiert wurden, war den Menschen die Lust am Lärm von Kanonenschlägen vergangen.

Und auch Alkohol war rationiert. Wir hatten nur eine Flasche Wein und etwas Obstsaft. Mit einem Schuss Selterswasser mischte mein Stiefvater eine Art Bowle daraus. Um Mitternacht zündete sich jeder der Erwachsenen eine Zigarette an, auch die gab es nur in geringer Anzahl gegen «Raucherkarten», dann stießen wir mit den halb leeren Gläsern an und sagten leise «Prost Neujahr».

Zum Glück kamen keine feindlichen Flieger, es blieb also ruhig. Ein Grammophon hatten wir auch und einige wenige Schellackplatten. Keine große Auswahl, drei mit Musik von Mozart und ein paar mit den damals populären Schlagern und Tangos. Vorsichtig legte mein Stiefvater eine davon auf den Plattenteller, denn wenn sie hinunterfielen, zerbrachen sie wie Glas. Lustig war das Cover, darauf war ein Hund zu sehen, der in einen Schalltrichter sah, darunter stand geschrieben: «His Master's Voice». Der Schwenkarm mit der Tonnadel daran wurde aufgelegt und der Tango «A media luz» erklang. Zu Hause konnte man ein wenig tanzen, in den Lokalen und Gaststätten war das wegen des Krieges verboten. Die Erwachsenen drehten sich eng umschlungen im Takt der Musik. Hermann saß am Fenster und schaute verträumt in den nächtlichen Himmel. Dachte er an sein BdM-Mädchen? Ich langweilte mich und zündete mir eine geklaute Zigarette an. Nach zwei Zügen wurde mir schwindelig und ich drückte sie aus. Kurz nach Mitternacht ging ich ins Bett, leise wiegte mich die Tanzmusik von nebenan in den Schlaf. In diesen Tagen des Übergangs ins Katastrophenjahr 1943 lag eine «Moll-Stimmung» über Hamburg, und dieses Grammophon-Gedudel bildete dazu eine seltsam fröhliche Hintergrundmusik.

Vor Beginn des ersten Schultages im neuen Jahr fuhr ich mit der S-Bahn von «unserem Bahnhof» am Berliner Tor nach Eilbek. Dort erwartete mich mein Schulfreund Bruno, der mich immer mit den «Adler»-Heftchen versorgt hatte. Zusammen mit seiner Mutter und Brunos kleinerem Bruder Peter, Peterle genannt, gingen wir in Richtung Schule. Der Kleine plapperte die ganze Zeit ziemlich aufgeregt. «Günter», sagte er, «bei uns ist ein Blinder auf den Balkon gefallen, wirklich wahr, nä Mamma?»

Bruno lachte und wischte abschätzig über Peters Kopf, «Dummtüch», sagte er, dummes Zeug.

Doch Brunos Mutter klärte dann auf: «Er meint, dass bei uns ein Blindgänger durch den Balkon geschlagen ist.»

Eine dieser schweren Sprengbomben war offensichtlich durch mehrere Balkone des Hauses gekracht, beim Aufschlag auf den Erdboden aber nicht explodiert. Anschließend hatte der Räumdienst sie abgeholt. Für Brunos Familie war das ein großes Glück, denn so ein «Blockbuster» konnte ganze Häuserfassaden wegpusten.

Zusammen mit Bruno ging ich dann in die Schule, ein altehrwürdiges Backsteingebäude an der Straße Roßberg in Hamburg-Eilbek unweit der Wohnung, in der wir Kinder lange Zeit mit Vater und Lizzy gewohnt hatten. Das letzte Vierteljahr, in dem ich die Schulbank drücken sollte, begann damit, dass wir vor einem leeren Lehrerpult saßen. Wo war Otto Lüthje, unser stets zu Scherzen aufgelegter Klassenlehrer, der stadtbekannte Schauspieler am Ohnsorg-Theater? Wir wunderten uns, natürlich wurde es im Klassenraum immer lauter. Da plötzlich flog die Klassentür auf. Wir erhoben uns, wie das früher üblich war, aber nichts geschah. Dann erklangen liebliche Geigentöne auf dem Flur. Lüthje trat ein und schimpfte, allerdings mit einem unernsten Unterton, den wir sogleich erkannten. «Ja kann man denn bei euch nicht einmal in Ruhe musizieren? Also setzen, Tünbüddels!» Was so viel wie Lausbuben bedeutete. Lüthje spielte weiter und wir mussten lachen.

Es tat gut, diesen Lehrer zu haben, der uns die schwere Zeit versüßte. Auch den Unterricht begann er mit einem Bonbon, er war nie langweilig: «Wer es beantworten kann, darf sofort nach Hause und hat für heute frei. Wann und zwischen wem fand die Schlacht bei Salamis statt? Und wehe, jemand antwortet, Deutsche und Italiener hätten sich um eine Wurst gestritten – das ist falsch! Aber das wisst ihr natürlich alles nicht, ihr Dösbaddels.» (Hamburgisch, etwa für Dummköpfe). Wir wieherten vor Lachen. Natürlich wusste niemand die Antwort.

Eine ganz andere Schlacht verdarb uns ein paar Tage später die Stimmung. Es war wohl der 2. oder 3. Februar 1943, da hörten wir im Radio die mit einer dramatisch trauernden Stimme vorgetragenen Nachrichten von der Wolga. Dass die mit uns verbündeten Rumänen vor den Russen geflohen seien und unsere tapfere 6. Armee einen Todeskampf gegen die bolschewistischen Massen führe. Es seien nur noch wenige, aber sie kämpften immer noch, hieß es da. Allerdings wussten wir bereits, dass der zum Generalfeldmarschall ernannte Friedrich Paulus mit der Masse seiner Truppen inzwischen kapituliert hatte, denn wir hatten heimlich mal wieder Radio England gehört.

Einen Tag später gab auch General Karl Strecker mit den Soldaten im Nordkessel den Kampf auf.

Obwohl meine Mutter und mein Stiefvater nach wie vor Kommunisten waren, waren sie betrübt über das Schicksal der Soldaten. «Dieser Scheiß-Hitler hat Schuld, dieser Bandit!», sagte meine Mutter traurig. Hermann Göring verkündete im Radio in Anlehnung an die altgriechische Sage und mit schwülstigem Pathos: «Wanderer, kommst du nach Stalingrad, so berichte, du habest uns hier liegen sehen, denn wir kämpften, wie es das Gesetz befahl!» Meine Mutter kommentierte das mit dem Satz: «Was für ein Sabbelbüddel!», Dummschwätzer also.

Ich nahm die nächste Hürde auf dem Weg zum Mann: Im April wurde ich konfirmiert und durfte von da ab lange Männerhosen tragen. «Du bist jetzt erwachsen», sagte man mir. «Und keine Mädchen mehr verprügeln», drohte mir scherzhaft meine Tante Olga. Ich hörte einfach weg, was sollte man denn sonst mit Mädchen anfangen? Liebe, Sex, zwischengeschlechtliche Dinge betreffend waren wir damals einfach um Jahre zurück, verglichen mit heutigen Jugendlichen. Ich fand schön, was ich mit Gerda erlebt hatte. Hatte aber keine Idee, was ich daran schön fand und warum. Alles war ein einziges Mysterium. Viel reifer waren wir, was Eigenverantwortung, Selbständigkeit, Mobilität anbelangte.

Der April 1943 brachte eine weitere große Veränderung in meinem Leben: Ich beendete die 8. Klasse. Mit der Durchschnittsnote 2 verließ ich die Schule – und zwar für immer. Ich lief ein letztes Mal an dem großen, eindrucksvollen Wandgemälde im Treppenhaus vorbei, auf welchem die Völkerschlacht 1813 bei Leipzig dargestellt wurde. Das

Panorama glich einem der heute populären «Wimmelbilder»; bei genauem Hinschauen erkannte man immer neue Details. Dass es sich um blutige Metzeleien handelte, störte damals niemanden. Darstellungen heroisierter Kampfszenen waren normal. Es war auch deshalb das letzte Mal, dass ich dieses schöne Gebäude betrat, weil es fünf Monate später komplett zerstört wurde.

Ich trat eine Lehrstelle bei der Reichspost in Hamburg an. Wir hatten bei der Berufswahl nicht wirklich lange überlegt. Ich hatte ein Interesse für Erdkunde bekundet, und Tante Olga hatte eher beiläufig eingeworfen, dass der Junge dann bei der Post gut aufgehoben sei. Ich hatte nichts dagegen. Im zarten Alter von 14 Jahren war ich damit ein berufstätiger Mensch. Ich hatte mich am Hauptpostamt Hamburg 1 «Am Hühnerposten», so heißt die Straße noch heute, einzufinden. Im selben Gebäude befanden sich auch das Paketpostamt 7 und der Bahnposten 17 mit Gleisanschluss. Das war wichtig, weil für die Ausbildung so alle Fachbereiche der Post abgedeckt wurden. Heute gibt es dieses mit Zinnen versehene, hanseatische Backsteingebäude noch immer, es hat den Krieg unversehrt überstanden. Allerdings beherbergt es nicht mehr die Post. Damals war ich froh, nicht mehr jeden Morgen fünf Kilometer weit mit der S-Bahn in die Schule nach Eilbek fahren zu müssen. Jetzt brauchte ich nur noch zwanzig Minuten zu Fuß, um zur Arbeit zu kommen.

Wir Lehrlinge hießen Postjungboten und bekamen sogar eine Uniform mit Dienstmütze. Schlagartig fühlte ich mich ein weiteres Stück erwachsener, was natürlich nicht der Realität entsprach, ich war ein wahrer Kindskopf, auch äußerlich. Doch sobald ich die Uniform anhatte, fühlte ich mich wie ein Soldat. Gern wäre ich ein richtiger Soldat gewesen. Ich spürte sogar so etwas wie Selbstbewusstsein in dieser Einheitskluft. Ältere Beamte meinten, dass die Tätigkeit, die sie hier verrichteten, keine Arbeit, sondern eine «Amtshandlung» sei.

Alltäglich um 9 Uhr begann der Dienst mit dem immer gleichen Ritual. Oberpostsekretär Timm, unser Chef und Lehrlingsausbilder, hielt eine kurze, markige Rede. Es erinnerte an einen Morgenappell. Er erläuterte die Kriegslage, mahnte «Anstrengen bis zum Endsieg» an, nach zehn Minuten Stillstehen hatten wir es geschafft. «Abtreten in die Dienststellen» bedeutete, dass es vorüber war. Ein «Abtreter» war ich jetzt, dachte ich mir immer, wenn Timms Appell endete. Ich war damals in der Abteilung Stelle B, worunter die Sortierung der Post und das Ausschütten der Beutel zu verstehen war. Die Briefe und Postkarten wurden sortiert, dann über ein Laufband der Stempelmaschine zugeführt. Sperrige Post wurde mit einem Hammer gestempelt. Einfacher zu verarbeiten war die Feldpost, denn die hatte keine Briefmarken, weil für sie nicht bezahlt werden musste.

Unter den Postbediensteten gab es schwarze Schafe, die befühlten die Umschläge. Und wenn in der Feldpost eine Zigarettenschachtel steckte, klauten sie diese. Auch ich habe mal mit mir gerungen, weil in einem Brief deutlich fühlbar eine Zigarettenschachtel steckte. Ich wollte Helmut Kruschak etwas Gutes tun, weil wir doch bei ihm wohnten und wir uns ein bisschen in seiner Schuld fühlten. Ich legte den Brief neben das Band. Da lag er dann eine längere Zeit, denn ich brachte es nicht fertig, mein schäbiges Werk zu vollenden. Irgendwann kam ein erwachsener Kollege und sagte: «Günter, der Brief liegt aber schon lange hier. Unter uns: Mach es lieber nicht, darauf steht die Todesstrafe …» Zudem gab es Leute, die uns kontrollierten und sich auch gern mal die Taschen zeigen ließen. Ich tat natürlich ganz unschuldig, war aber innerlich erschüttert, wie leicht man sein Leben in diesen Tagen aufs Spiel setzen konnte.

Später wurden wir an die Grobverteilspinde gesetzt – ein Regal mit zahllosen kleinen Fächern und einem Tisch davor. Die Fächer waren beschriftet, zum Beispiel mit Namen geographischer Regionen wie «Bayern», «Sachsen», «Ostpreußen», «Köln». Da warfen wir die Briefe hinein. Dann musste noch die «Stadtpost» aussortiert werden, Briefe also, die nur Adressen in Hamburg betrafen. Es war eine zermürbende, stupide Arbeit. Spannender war da schon der von den Bediensteten warum auch immer «Marmorsaal» genannte Arbeitsraum, in dem sich Kollegen den «Rätseln» widmeten. Es gab Briefe, auf denen zum Beispiel nur «Asbach» stand, konkrete Adressangaben fehlten. Hatte der Briefeschreiber aus Versehen das Etikett einer damals populären Weinbrandflasche mit dem eigentlichen Städtenamen verwechselt oder war eine der zahlreichen Gemeinden im Reich gemeint, die Asbach hießen? Da mussten dann Leute mit guten Geographiekenntnissen ran. Auch ich war oft im «Marmorsaal», das hat mir richtig Spaß gemacht, weil da aufwendig recherchiert werden musste. Einmal stand da «Groß – Neu – Markt». «Das ist bestimmt Bayern», sagte einer der langgedienten Beamten, «dort gibt es viele Marktflecken.»

Ich hatte eine andere Idee: «Nee, das ist Hamburg: der Großneumarkt.» Der Fall war gelöst und ich wurde gelobt.

In der Kantine gab es pünktlich ab 12 und bis 14 Uhr

Eintopf, kostenfrei. Wir bekamen Essenmarken. Das Essen schmeckte mir richtig gut. Ein junges Mädchen, das in der Küche arbeitete, freundete sich mit mir an. Es kam oft vor, dass mich Mädchen ansprachen. Weil ich sehr jung aussah und vielleicht ein bisschen hilflos wirkte. «Möchtest du vielleicht etwas von der Bohnensuppe mit nach Hause nehmen? Du hast doch sicher Geschwister … Und wir haben hier etwas übrig.»

Ich freute mich. «Gern. Morgen bringe ich eine Milchkanne mit, für meine Familie.»

Das lief dann tatsächlich sehr gut.

Wie schon zuvor in der Schule, so mussten wir auch bei der Post an Luftschutzübungen teilnehmen. Eine Woche innerhalb eines Monats hatten wir Postjungboten auf einem beliebigen der vielen Postgebäude über Nacht die Brandwache zu stellen. So wurde ich mit sechs anderen zur Wache auf das imposante Gebäude der Oberpostdirektion (OPD) an der Dammtorstraße abkommandiert. Dienstantritt war um acht Uhr abends. Und dennoch blieb uns am nächsten Morgen nicht erspart, um neun Uhr pünktlich zum Dienst zu erscheinen. Unterm Dach standen für uns Feldbetten, und es gab mehrere Eimer mit Wasser sowie Kisten mit Sand und an Stielen befestigte «Feuerklatschen».

Falls eine der kleinen Brandbomben das Gebäude treffen sollte, hätten wir mit Sand und Feuerlöscher eingreifen müssen. Das Wasser war für Holzbrände gedacht, hätte aber bei direktem Kontakt mit dem auf Eisenoxid und Aluminiumgranulat basierenden Thermit der Stabbrandbomben zu gefährlichen Verpuffungen geführt. Und gegen die großen Sprengbomben wären wir ohnehin machtlos gewesen. Doch ich hatte bei meinen wenigen Diensten als Nachtwache Glück, nirgendwo in Hamburg fielen Bomben. Viele der öffentlichen Gebäude Hamburgs wurden von Brandwachen betreut, die die Angestellten oder Beamten stellten. Auch das große Klinkergebäude am Nagelsweg Nummer 8 unweit unserer Wohnung, in dem sich eine Polizeiwache befand.

Zwei Jungen
allein in Hamburg

«Ein Pfund bedeutet ein Pfund
und nicht anderthalb.»

Tante Olga, Inhaberin eines kleinen
Gemüseladens in Hammerbrook

Auch aus heutiger Sicht betrachtet, war es für uns Jungen eine schöne Zeit, die wir in der Familie von Helmut und Mutti verbrachten. Wir wurden schnell heimisch und mochten die Gegend. Anders als zuvor in Eilbek war das ein Stück der Hansestadt, in dem noch das ursprüngliche Hamburger Plattdeutsch sehr verbreitet war. Das lag vor allem an den vielen Hafenarbeitern, die wegen der Nähe zum Hafen in Hammerbrook lebten, vor allem in den legendären «Schlitzbauten». Dass waren mehrgeschossige, einfache Gebäude, zumeist um die Jahrhundertwende gebaut und zur Hofseite mit schmalen Lichtschlitzen versehen, die das Bild des Arbeiterstadtteils prägten. Über 40 000 Menschen lebten hier. Unser Gebäude war etwas großzügiger ausgestattet, die Wohnung lag zudem auf fast gleicher Höhe wie das Viadukt der Hochbahn, sodass wir den Fahrgästen zuschauen und winken konnten, manche winkten hinter den Scheiben der Bahn auch zurück. Und es gab hier wegen der Hafennähe viele Möwen, die in Eilbek nur selten zu sehen waren. Die Möwen waren große Flugkünstler. Immer wenn ich ihnen Brotkrumen zuwarf, fingen sie diese in der Luft. Meine Mutter bat mich, das nicht so oft zu machen, denn das Gekreische war ja auch sehr störend. Weil ich es aber nicht lassen konnte, saßen alsbald reihenweise Möwen auf dem Brückengeländer der Hochbahn und warteten auf meine Fütterung.

Kurzum: Wir genossen für kurze Zeit das Gefühl, endlich «angekommen» zu sein, irgendwo dazuzugehören. Doch auch dieses Familienidyll wurde nach einem halben Jahr jäh zerstört, wurde zum Opfer dieses verdammten Krieges, weil Helmut Kruschak Ende Mai 1943 aufgrund seiner Spezialkenntnisse in der Luftfahrttechnik in das «Reichs- protektorat Böhmen und Mähren» versetzt wurde, in das heutige Tschechien also. Nach dem Münchner Abkommen und der Besetzung des von Deutschen besiedelten Sudeten- landes hatte das Deutsche Reich auch die «Rest-Tschechei», wie das damals hieß, einkassiert. Die Slowakei dagegen war ein Satellitenstaat mit einer eigenen, faschistischen Regierung geworden.

Die Klöckner-Werke hatten in Kuřim (deutsch: Gurein), 13 Kilometer nordwestlich von Brünn und nahe der mäh- rischen Ortschaft Moravské Knínice, zu Deutsch Mährisch Kinitz, mit dem Bau eines Flugzeugmotorenwerks begon- nen. Produziert wurden zu diesem Zeitpunkt unter dem Codenamen «Axinit» vor allem BMW-801C-Motoren für die deutschen Jäger Focke-Wulf 190, später auch Junkers- Strahltriebwerke. Helmut, meinen Stiefvater, schickte man dorthin, damit er tschechische Arbeiter mit den Ge- heimnissen des Flugzeugbaus vertraut machen konnte. In Gurein existierte damals sogar eine «deutsche Kolonie», die Neu Hamburg hieß, bewohnt von deutschen Arbeitern.

Meine Mutter und die zwei Kleinen durften Helmut nach

Mähren begleiten. Hermann und ich mussten in Hamburg bleiben, weil wir als Lehrlinge berufstätig waren. Wieder verspürte ich diesen Stich ins Herz, dieses Gefühl, dass einem der Boden unter den Füßen weggezogen wird. Vorbei war es mit diesem unbezahlbaren Gefühl der Geborgenheit, des Dazugehörens. Kurz vor ihrer Abreise ließ mein Stiefvater unsere kleine «Patchworkfamilie» in einer Hamburger Parkanlage fotografieren. Auf dem Bild sieht man meine Mutter, neben ihr meinen großen Bruder Hermann und mich, davor die beiden Kleinen Helma und Jürgen. Das Bild haben wir noch heute, es ist wie eine letzte Momentaufnahme meines ersten Lebens. Eine schmerzliche Erinnerung an eine Idylle, die zu diesem Zeitpunkt bereits dem Untergang geweiht war.

Kurz vor dem Abschied sagte unsere Mutter: «Seid nicht traurig, wir kommen ja wieder. Ich habe das Sorgerecht kurzzeitig Tante Olga übergeben. Also für das Essen ist zumindest gesorgt und wir schreiben uns ja auch Briefe.» Als könnten Briefe eine Familie ersetzen ... Als wir die vier zum Bahnhof brachten, weinten die Kleinen und klammerten sich an uns. Wir winkten noch lange dem Zug hinterher und gingen dann zu Tante Olga. «Für das Frühstück müsst ihr selber sorgen, mittags könnt ihr ja in den Werkskantinen essen. Aber zum Abendessen und am Wochenende kommt ihr zu mir, ich werde euch durchfüttern, kapiert?», sagte sie uns.

Olgas Mann, Onkel Fiete, war kurz zuvor zum Militär eingezogen worden. Er diente aufgrund seines gehobenen Alters als «Zollsoldat», musste also an der niederländischen Grenze seinen Dienst tun, weit weg von Krieg und Gefahren. Für Tante Olga, die ja einen kleinen Gemüseladen hat-

te, ergab sich daraus das Problem, dass ihr jetzt der Waren-
transporter fehlte.

Als Transportmittel diente ihr, wie bereits erwähnt, die
in Hamburg erfundene und verbreitete «Schottsche Karre»,
einst auch «schottische Karre» genannt, eine einachsige
Holzkarre mit zwei sehr großen Speichenrädern, die von
Menschen geschoben oder gezogen wurde. «Ein Bekannter
bringt mir manchmal etwas mit, aber meistens muss ich
die Karre selbst zum Gemüsemarkt schieben», erzählte
die Tante. «Ihr Jungens müsst mir da ab und zu mal helfen. Hermann ist vollbeschäftigt, aber du, Günter, hast ja
mitunter am Nachmittag Zeit. Besonders wenn es um die
schweren Kartoffelsäcke geht ...»

Zum Glück war der Gemüsemarkt nur einen Kilometer
entfernt von uns. Wir halfen Tante Olga fortan, wann und
wo wir konnten. Ich wog Kartoffeln ab, füllte Erbsen und
anderes Kleingemüse in die spitzen, braunen Tüten, auf
denen gedruckt stand: «Esst mehr Früchte und ihr bleibt
gesund». Die ganze Zeit erteilte Tante Olga mir dabei An-
weisungen: «Ein Pfund bedeutet ein Pfund und nicht anderthalb», zum Beispiel, was bedeutete, ich solle keine
Erbsen verschenken. Sie quasselte wie ein Radio, trug den
Tratsch und Klatsch weiter, den sie von den Kunden im
Laden aufgeschnappt hatte. Es gab im gleichgeschalteten
Nazi-Staat bekanntermaßen keine Meinungsfreiheit mehr,
keine freie Presse, keinen freien Austausch alternativer po-
litischer Ideen. Demokratische Rudimente lebten jedoch
im Alltag der kleinen Leute weiter, in den Kneipen, den
Läden, beim täglichen Einkauf.

Neben Tante Olgas Laden befand sich eine Schuhmacher-
werkstatt. Der Besitzer hieß auch mit Namen Schuhma-

cher. Im Schaufenster saß immer eine Katze. Viele Läden hielten Katzen, um der Mäuseplage Herr zu werden. Etwas weiter weg am südlichen Teil des Nagelswegs gab es eine Eckkneipe. Vor dem Eingang dort saß ein großer, bunter Papagei auf einer Stange. Fliegen konnte er nicht mehr. Aber er sprach ein astreines Platt und rief den Leuten zu: «Na du Sabbelbüddel?» Ein anderer Satz, an den ich mich noch erinnere, lautete: «Ik kann nich op de Been stohn», sinngemäß «ich fühle mich gerade schwach». Dabei schaute er immer mit schräg geneigtem Kopf nach unten, als wolle er die Wirkung seiner Worte genießen.

Nach dem Abendessen bei Tante Olga gingen wir nach Hause. Im Juni gab es nur sehr vereinzelt Fliegeralarm. Und es waren auch immer nur kleine Grüppchen von Bombern, die in Hamburg kaum Schaden anrichteten. Während des letzten dieser Angriffe, die Flak schoss bereits heftig und ich ging hinunter in den Keller, der eine Wäscherei war, kam Hermann auf die Idee, unser Haus verlassen zu wollen. «Ich gehe kurz rüber zu Tante Olga und schau nach, ob da alles in Ordnung ist. Sie ist doch allein, seit Fiete beim Militär ist», begründete er noch und ging. Ich dachte nur: Und ich? Ich bin auch allein, doch traute ich mich nicht, das zu sagen.

Tante Olga konnte sehr gut selbst auf sich aufpassen. Die Kinder waren schließlich wir, nur hatten wir das beinahe vergessen. Hermann, der jetzt «Boss» im Haus am Nagelsweg war, füllte diese aus der Not geborene Rolle eines «Früherwachsenen» tatsächlich mit Leben. Ich weiß nicht, warum er dieses Gefühl hatte, sich um alles kümmern zu müssen. Darin lag Unheil. Und am Ende sollte ihm dieses überbordende Verantwortungsgefühl auch zum Verhängnis werden. An jenem Juniabend war es wieder einmal einer dieser Kurzalarme, die kaum Folgen hatten und nach wenigen Minuten schon endeten. Hermann kam zurück, als ich längst wieder in der Wohnung war und im Bett lag.

Neben der Post, Tante Olga und Hermann wurde die HJ eine feste Größe in meinem Leben. Man ließ uns die Wahl, welches ihrer Freizeitangebote uns am ehesten zusagte. In der Auswahl befanden sich zum Beispiel Nachmittage bei den ‹Fliegern›, gemeint waren die Segelflieger. Weil ich mich ja am Himmel ganz gut auskannte, auch dank der Zeitschrift «Adler», war die Flieger-HJ meine erste Wahl. Ich musste an einem Test teilnehmen und mich dann auf eine Art Karussell-Sitz setzen, dann rotierte dieses Ding minutenlang im Kreis. Schnell merkte ich, dass dies nichts für mich war, mir wurde schlecht, ich musste mich übergeben, torkelte durch die Gegend. Zur Wahl standen danach noch die neu geschaffene Feuerwehr-HJ und die Motor-HJ. Wer gerne Fahrzeugantriebe zerlegte, konnte ihr beitreten, was ich dann auch tat.

An einem dieser heißen Sommernachmittage Ende Juni ging ich also zu meiner Motor-HJ. Wir lernten dort viel über die Funktion von Verbrennungsmotoren, manchmal durften wir auch in kleinen Panzern herumfahren. Wirklich attraktiv für viele von uns war jedoch, dass man in der Motor-HJ ab dem 15. Lebensjahr das Kraftfahrerabzeichen der Klasse «A» erwerben konnte, das das Fahren eines Autos auch ohne Fahrerlaubnis in Begleitung einer Aufsichtsperson ermöglichte. Der Dienst fand, weil alle schon berufstätig waren, immer an den Wochenenden statt, nach meinem Dienstschluss um 2 Uhr nachmittags. Die Dienststelle befand sich in einem der älteren kleinen Mietshäuser am Lindenplatz in St. Georg.

Wir waren insgesamt 35 Jungen. Ein schweres Motorrad der 250er Klasse von BMW stand für Übungszwecke bereit. An ihm wurden uns Kenntnisse in der Fahrzeugreparatur vermittelt, zudem mussten wir Verkehrszeichen und -regeln pauken. Der Scharführer, der die Gruppe leitete, besaß schon eine Fahrerlaubnis. Er war bereits 18 Jahre alt. Jeder von uns durfte einmal das Motorrad eine Strecke von 200 Metern fahren, wobei der Scharführer auf dem Sozius saß. Meine Fahrt führte durch den Nagelsweg längs der Hochbahn direkt vorbei an unserem Wohnhaus. Ich schaute, während ich wegen des schweren Lenkers mühsam Kurs hielt, unsicher nach rechts und links, weil ich hoffte, einer unserer Nachbarn oder Verwandten würde mich sehen. Doch leider ließ sich niemand blicken. Und falls doch, hätte er mich wegen der damals üblichen am Kinn verschließbaren Lederkappe auf dem Kopf vermutlich gar nicht erkannt.

Theoretischer Verkehrsunterricht schloss sich an. Eine Karte wurde an der Wand entrollt. Darauf sah man eine Straßenkreuzung in einer Stadt. Die Frage dazu lautete: «Wer hat hier die Vorfahrt, der Fußgänger, das Pferdefuhrwerk, der Radfahrer oder das Auto?» Ich wäre lieber weiter auf dem Motorrad gefahren und fand diese Verkehrstheorie blöd, denn einen richtigen Führerschein konnte ich sowieso erst in vier Jahren machen, sobald ich 18 Jahre alt war. «Kameraden, das ist heute unser letzter gemeinsamer Nachmittag, denn ich werde euch verlassen, mein Wehrdienst beginnt in wenigen Tagen», teilte uns der Scharführer am Ende des Nachmittages mit. «Leider wird euch auch das Motorrad nicht mehr für Übungszwecke zur Verfügung stehen», sagte er dann noch, «auch das wird an der Front gebraucht.»

Als ich wieder zu Hause war, riet mir Hermann, Mutti von meinen Nachmittagen bei der Motor-HJ nichts zu schreiben. «Die wird sonst böse, wenn du so begeistert deine Nachmittage bei der Hitlerjugend schilderst. Es macht dir doch Spaß, oder? Mir musst du nichts vormachen», sagte er. «Wir schreiben ihr lieber, dass wir hier das herrlichste Sommerwetter haben und dass es in den vergangenen Wochen kaum Bombenangriffe gab, das wird sie beruhigen …»

Ich setzte mich also an den Küchentisch und schrieb ihr einen langen Brief. Ich berichtete von unseren gelegentlichen Besuchen im Freibad am Schwanenwik, von unserer Arbeit und den Besuchen bei Tante Olga. Noch am selben Abend warf ich den Brief in den Kasten, ohne zu ahnen, dass sich unsere Wirklichkeit binnen Stunden drehen würde. Noch ehe der Brief unsere Mutter erreichte, sollte unsere bisherige Welt in Asche und Rauch aufgehen.

«Gomorrha», Tag eins

«Starke feindliche Bomberverbände
im Anflug auf Nordwestdeutschland.»

Georg Ahrens, im Volksmund «Onkel Baldrian»
genannt, im Reichssender Hamburg

Der 24. Juli war ein Sonnabend, die Temperaturen hatten tagsüber 25 Grad erreicht. Es hatte seit Tagen nicht geregnet. Nach dem Dienst bei der Post besuchten wir am Nachmittag Tante Olga. Wie immer halfen wir ihr ein wenig beim Eintüten der Ware, im Sommer war das Angebot an frischem Obst und Gemüse etwas größer als im ersten Teil des Jahres. Üppig war es aber schon lange nicht mehr. Sie packte uns Kartoffeln, Mohrrüben und Kohlrabi ein und verabschiedete uns mit dem Spruch: «Dann bis morgen, zum Frühstück …» Denn auch am Sonntag sollten wir zum Essen vorbeikommen.

Während wir, ein wenig müde von der nur langsam abflauenden Sommerhitze, abends am Küchentisch saßen, büffelte Hermann für seine bald anstehende Kaufmannsprüfung bei der Großeinkaufs-Gesellschaft Deutscher Consumvereine (GEG). Ich spielte mit meinen Elastolinsoldaten. Hermann wollte, während er lernte, ein Glas von der Magermilch trinken, die bei uns damals vor allem im Sommer beliebt war. Dabei fiel ihm die Flasche herunter und zersplitterte auf dem Steinboden. «Alles nicht so schlimm», sagte er. «Nimm mal eben den Leuwagen und den Feudel», womit er den Schrubber und den Wischlappen meinte, «und wisch das alles auf. Aber sei vorsichtig wegen der Glassplitter.»

Auch wenn ich lieber weitergespielt hätte, Hermann gab den Ton an und ich hatte zu gehorchen. «Jawohl, Herr Hauptmann», sagte ich und wischte den Boden. «Wenn das der einzige Krach für heute war, dann soll es mir recht sein», sagte Hermann, während unter unserem Fenster die Hochbahn vorbeirasselte.

Etwa zur selben Zeit, circa zwischen 20.30 und 21 Uhr, bewegten sich auf verschiedenen britischen Flughäfen 791 Halifax- und Lancaster-Bomber in zuvor abgesprochener Reihenfolge auf die Rollbahnen. Sie starteten in den abendlichen Himmel und sammelten sich eine halbe Stunde später irgendwo über der Nordsee zu einem endlos scheinenden, über 20 Kilometer langen Verband, der zunächst ein großes Viereck flog, bis alle Maschinen angekommen waren.

Dieser Verband brach dann in scharf östliche Richtung auf, Hamburg war das Ziel. Vermutlich gingen wir zu diesem Zeitpunkt gerade ins Bett. «Hier ist der Reichssender Hamburg!», verkündete mit sonorer Stimme Staatssekretär Georg Ahrens im Rundfunk, im Volksmund wegen seiner einschläfernden Tonlage «Onkel Baldrian» genannt. Ahrens, gebürtig in Delmenhorst bei Oldenburg, war Senator in Hamburg. Heute bin ich überzeugt, dass die NS-Führung ganz bewusst Ahrens vor Fliegerangriffen im Radio sprechen ließ, weil seine Luftlagemeldungen eher an Warnungen vor Birkenpollen erinnerten, der drohenden Gefahr für Tausende Hamburger aber völlig unangemessen war. «Starke feindliche Bomberverbände im Anflug auf Nordwestdeutschland.» Oft waren nach solchen Ankündigungen die Verbände vorbeigeflogen, schließlich lag unsere Stadt ja aus britischer Perspektive am «Einfallstor» des Reiches.

Erstmals seit März war also wieder ein Fliegeralarm der Sorte «starke Bomberverbände» angekündigt worden. Seit Wochen hatten lediglich einzelne Aufklärer für Voralarm gesorgt, die Hamburg in großer Höhe überflogen und fast schon zum Alltag gehörten. Heute wissen wir, dass sie das, was uns damals erwarten sollte, gründlich vorbereitet hatten. Vorsorglich behielten wir die Alltagskleidung an, als wir uns in die Betten legten.

«Heute passiert bestimmt nichts, Goschoi.» Ich mochte es, bei meinem Spitznamen genannt zu werden. Auch, weil Hermann der Letzte war, der mich zu diesem Zeitpunkt umgab und ihn benutzte. Als ich noch klein war, hatte ich davon geträumt, ein berühmter Künstler und Artist zu sein – mit der Ankündigung «Ich bin der große Goschoi» war ich dann vor meinen Eltern und Hermann, dem ich diesen Namen ja verdankte, aufgetreten. Doch in dieser Nacht war der große Goschoi ziemlich kleinlaut. Und froh darüber, einen großen Bruder an seiner Seite zu haben. Wir stellten unser «Notfallgepäck» im Korridor ab: einen Koffer und eine Reisetasche aus Kunstleder. Darin befanden sich Wäsche, Strümpfe, Seife, Zahnpasta, Zahnbürsten und Schuhe. So hatten es uns Mutti und Helmut beigebracht. Alle Großstädter hatten so eine Tasche mit den wichtigsten Papieren und Dingen. Hermann hatte seine Unterlagen für die Handelsschule eingepackt, um für die Prüfung weiterpauken zu können. Ich sagte: «Wenn du deine Sachen einpackst, kann ich meine Armee auch retten», und legte 50 Elastolinsoldaten dazu, Deutsche und Franzosen. Ein kleiner Streit entspann sich. Hermann war sauer und warf die Soldaten wieder raus. «Lass den Kinderkram. Dafür haben wir jetzt keine Zeit.»

Ich widersprach ihm: «Du bist doch ein Hitlerjunge und musst dafür sorgen, dass deine Armee gerettet wird …»

Er schüttelte den Kopf, und ich merkte, dass er keine Geduld hatte: «Da kommt der kleine Kommunist wieder durch, wie Mutti … Solidarität und so, was? Ihr werdet es nie lernen.»

Und dann warf er den Schuhkarton mit den Soldaten einfach in unser Schlafzimmer. Es wurde auch Zeit, damit fertig zu werden, denn nach dem Voralarm hatten wir schleunigst in den Keller zu eilen. An fast jedes Haus war damals mit Kreide «LSR» geschrieben, Luftschutzraum. Darunter wies ein Pfeil in die jeweilige Richtung. Diesen Weg waren wir zuvor schon oft gegangen. Meist wegen Angriffen einzelner Flugzeuge oder kleiner Geschwader von vielleicht sechs bis acht Maschinen, die für uns im Keller folgenlos blieben.

Unser Luftschutzraum, die bereits erwähnte Wäscherei im Souterrain, in der auch die Inhaber wohnten, war weder bombensicher noch verfügte er über eine externe Luftzufuhr. Der Raum war durch eine dieser typischen ovalen Kellerlampen nur schwach erleuchtet. Ich schaute, ob jemand Bekanntes mit uns da unten saß. Blockwart Stötzner war nicht dabei. Bringfriede Stoll, die Freundin meiner Mutter, war bereits im Juni zu Verwandten nach Itzehoe in Holstein gefahren. Hermann und ich kümmerten uns während ihrer Abwesenheit um ihre Wohnung, wir lüfteten gelegentlich. Wir hatten vor unserem Gang in den Keller Frau Stolls Wohnungstür aufgeschlossen, so wie das mit den Hausbewohnern zuvor verabredet worden war. Denn im Fall eines lokalen Brandes musste der Zugang zu den Wohnungen möglich sein, um ihn eventuell löschen zu können. Zudem war es wichtig, Zugang zu Wasserhähnen zu haben. All das sahen die Luftschutz-Regeln vor. Und Einbrüche waren ohnehin nicht zu befürchten, die drastischen Strafen des Regimes schreckten ab. Die Menschen hatten in diesen Wochen ganz andere Sorgen, als sich zu bereichern.

Auch Gerda, unsere hübsche, junge Nachbarin und Mutter des kleinen Wolla, war nicht unter den Anwesenden, wie ich mit Bedauern feststellte. Lange schon hatte ich sie nicht mehr gesehen. Es war Sommer. Hamburg galt trotz der relativen Ruhe der letzten Monate als gefährdet. Und jeder, der die Chance dazu hatte, war zu Verwandten aufs Land verreist. Gerda hielt sich in Dithmarschen auf, habe ich später erfahren. Und das war angesichts dessen, was uns drohte, ein großes Glück. Wir saßen mit etwa 20 Personen – fünf Männer sowie Frauen und Kinder – im unterirdischen Wohnzimmer, welches zur Wäscherei gehörte. Die meisten dieser Menschen waren uns nicht oder kaum bekannt. Einige wenige stellten sich vor, darunter ein älterer Volksschullehrer und ein Soldat auf Heimaturlaub, der aber auch schon jenseits der 40 gewesen sein mochte. Obwohl wir Hochsommer hatten, trugen die Menschen eher warme Kleidung. Man zog sich den Mantel über, um ihn zu retten, auch um auf alle Eventualitäten vorbereitet zu sein. Denn im Zweifel war der Mantel das Einzige, was einem blieb. Die Männer hatten überwiegend ihre «Elbsegler» auf dem Kopf, die damals fast jeder ein-

fache Mann trug – auch der legendäre Kommunistenführer Ernst Thälmann, ein gebürtiger Hamburger. Diese
Kopfbedeckung unterschied sich von der «steiferen», vor-
nehmeren, bürgerlicheren «Prinz-Heinrich-Mütze», welcher vor allem ein späterer Bundeskanzler zu Prominenz
verhalf. Viele nennen die «Prinz-Heinrich-Mütze» daher
heute noch «Helmut-Schmidt-Mütze». Der «Elbsegler» indes sah dagegen etwas faltiger, flacher, dadurch auch einfacher aus, so weit eine kleine Grundeinführung in «Hamburger Mützenkunde».

Kaum saßen wir, legten die schweren, deutschen Flak-
Batterien los, und spätesten jetzt ahnten wir, dass es eine
heiße Nacht werden würde. Das Dröhnen der schweren
Flak, im Volksmund Acht-Achter genannt, womit das Ka-
liber der 8,8-Zentimeter-Fliegerabwehrkanonen gemeint
war, klang dumpf, tief und ließ die Erde leicht beben.
Damals waren die gängigsten deutschen Waffensysteme
tatsächlich einer breiten Allgemeinheit bekannt: Die Acht-
Achter, die in Stellungen um die Städte stationiert waren
und von 16-jährigen Luftwaffenhelfern bedient wurden,
gehörten dazu. Die NS-Propaganda hatte uns ja zu einem
Volk von Waffenexperten gemacht. Manchen gaben wir sogar Kosenamen, zum Beispiel den Flugzeugtypen Fieseler-
Storch oder der «Tante Ju».

Das Licht wurde gelöscht, um die Bomber nicht anzulo-
cken, lautete die Begründung. Das war natürlich Blödsinn,
denn schon damals war allen bekannt, dass die von der
Vorhut der «Pfadfinder» abgeworfenen sogenannten Christbäume, langsam fallende rote, grüne und gelbe Leuchtmarkierungen, Teile der Stadt in ein gleißend helles Meer
aus Licht verwandelten. Als dann die ersten Bomben fielen,

erstarben auch die letzten Gespräche im Keller. Die Menschen hielt es nicht mehr auf den Stühlen, Sesseln, dem Sofa. Man stand auf, hielt sich am nächsten Angehörigen fest. Manche Frauen wimmerten, Kinder weinten. Wir hatten schon das Gefühl für Zeit verloren, als plötzlich wieder Ruhe einkehrte. Wir hegten die begründete Hoffnung, dass es nun vorüber sei. Und tatsächlich wurde kurz nach 3 Uhr Entwarnung gegeben. Wir stapften müde, erschöpft, aber glücklich, dass nichts passiert war, zurück in unsere Wohnung, zu der die Tür noch immer offen stand. «Das ist noch mal gut gegangen», sagte Hermann zu mir, «hab ich dir das nicht gesagt? Na ja wir kennen das ja …» Dann schliefen wir ein.

Am nächsten Morgen, es war Sonntag, konnten wir ausschlafen. Als ich gegen Mittag erwachte, sammelte ich meine im Zimmer herumliegenden Elastolinsoldaten ein, Hermann schrieb bereits an Übungen für seine Prüfungsarbeit. Allmählich sprach sich in der Stadt herum, dass die erste Angriffswelle den Stadtbezirken Eimsbüttel, Hoheluft, in Teilen auch Altona-Altstadt und Harvestehude gegolten hatte. Dort, im «fernen» Hamburger Westen, wüteten den Sonntag über schreckliche Flächenbrände. Die Große Bergstraße war komplett zerstört worden, doch davon hatten wir im Hamburger Osten zu diesem Zeitpunkt noch nichts mitbekommen. Überliefert ist, dass viele Hamburger, die östlich der Alster wohnten, im schönsten Sonntagsstaat zu einem Spaziergang in Richtung Harvestehude und Rotherbaum, also auf die westliche Alsterseite aufbrachen, um zu schauen, wie es bei denen aussah, die sonst immer auf der Sonnenseite wohnten. An jenem Sonntag war es umgedreht: Die Sonne strahlte im Osten Hamburgs, während der Westen unter Rauchwolken lag, die sich über der Alster allmählich verflüchtigten. Wir atmeten durch – und waren überzeugt, das Schlimmste überstanden zu haben. Doch es war lediglich eine Pause, die man uns im Osten der Hansestadt gönnte. Eine Pause, um noch einmal so etwas wie zwei ganz normale Sommertage genießen zu dürfen – für viele die letzten ihres Lebens.

Wir hatten am Vortag vereinbart, Tante Olga zu besuchen, doch daraus wurde nichts. Denn kurz vor 15 Uhr heulten erneut die Sirenen. Wieder stürmten wir hinunter in den Keller, und wieder hörten wir das hohle Krachen der 8,8-Zentimeter-Flak, deren Stellungen Hamburg wie einen Ring umgaben. Wir, einige Frauen mit Kindern sowie vier ältere Herren, schauten angstvoll hoch zur Decke. Aber hier passierte nichts, und schon nach wenigen Minuten gab es Entwarnung.

Dafür lagen über der Stadt dicke, schwarze Rauchwolken, die vom Süden her, vom Hafen also, über die Stadt zogen. Es roch nach verbranntem Öl. Wir hatten keine Ahnung, was da am Himmel über Hamburg los war. Wir ahnten nur, dass die Alliierten mit Hamburg etwas Großes, etwas Ungeheuerliches vorhatten. Ihre Arbeitsteilung spielte sich allmählich ein: Nach dem ersten nächtlichen Angriff der Briten mit fast 800 Bombern hatten die Amerikaner mit einer viel kleineren Armada – 110 «Fliegende Festungen» B-17 – bei Tage einen Angriff auf Industrieanlagen und den Hafen geflogen. Weil aber im Westen Hamburgs noch immer die Feuer der vergangenen Nacht wüteten, scheiterten an diesem Tag die geplanten «Präzisionsangriffe» der Amerikaner, sie konnten ihre Ziele nicht genau genug orten. Gelesen habe ich, dass viele Bomber dadurch ihre Bombenlast somit erst auf dem Rückflug über dem holsteinischen Heide abwarfen. Wir empfanden den Sonntag im Vergleich mit der Nacht davor als «eher ruhig». Im Unterschied zu mir, der ich dazu neigte, Schlimmeres zu befürchten, wirkte Hermann an diesem Tag geradezu heiter: «Siehst du Goschoi, wir haben eben immer Glück. Uns kann gar nichts passieren.»

Auch der Montag verlief – gemessen an dem, was folgen sollte – geradezu entspannt. Ich ging wieder zum Postamt, um meinen Dienst anzutreten. Auf dem Weg zum Hühnerposten traf ich einen Freund, Hans-Peter. Er ging aufs Gymnasium und hatte viel Zeit. Er wusste ja, wo ich arbeitete, und wir verabredeten uns für den Nachmittag, um uns die Auswirkungen der Bombardierungen auf St. Pauli und in Altona anzuschauen. Auch uns hatte die Neugierde gepackt. Bislang kannten wir Zerstörungen solchen Ausmaßes nur aus den Wochenschauen im Kino. Die Bilder aus Köln vom Mai 1942 waren da gezeigt worden und hatten für großes Aufsehen gesorgt. Ebenso der Brand Lübecks.

Oberpostsekretär Timm, der Lehrlingsausbilder, hielt eine kurze, markige Rede. Er erläuterte die Kriegslage, ging kurz auf die beiden Hamburger Bombentage ein, «die nur einen heiligen Zweck haben können, das muss doch jedem klar sein», wie er sagte. «Wir müssen unsere Anstrengungen vervielfachen, bis zum Endsieg, der zum Greifen nahe ist.» Er sprach zehn Minuten, es war der ewig gleiche Wortsalat eines Fanatikers. Timm endete wie immer mit «Abtreten in die Dienststellen». Ich war wieder der Abteilung «Stelle B» zugeteilt, was Postsortierung hieß. Es war die immer gleiche Arbeit: Beutel ausschütten, Sor-

Mein älterer Bruder Hermann Lucks.
Er starb beim zweiten Großangriff auf Hamburg
am 28. Juli 1943.

Tadelloser Zwirn in einfachsten Verhältnissen: mein Großvater, der Schneidermeister Adolf Schill, und seine Frau Alma.

Eines der wenigen Familien-fotos, das wir retten konnten: Man sieht meine Mutter Louise zwischen Hermann und mir, davor die beiden kleinen Halbgeschwister Helma und Jürgen.

Gartenidylle mit Liegestuhl: meine Mutter Louise und ich
mit Helma und Jürgen.

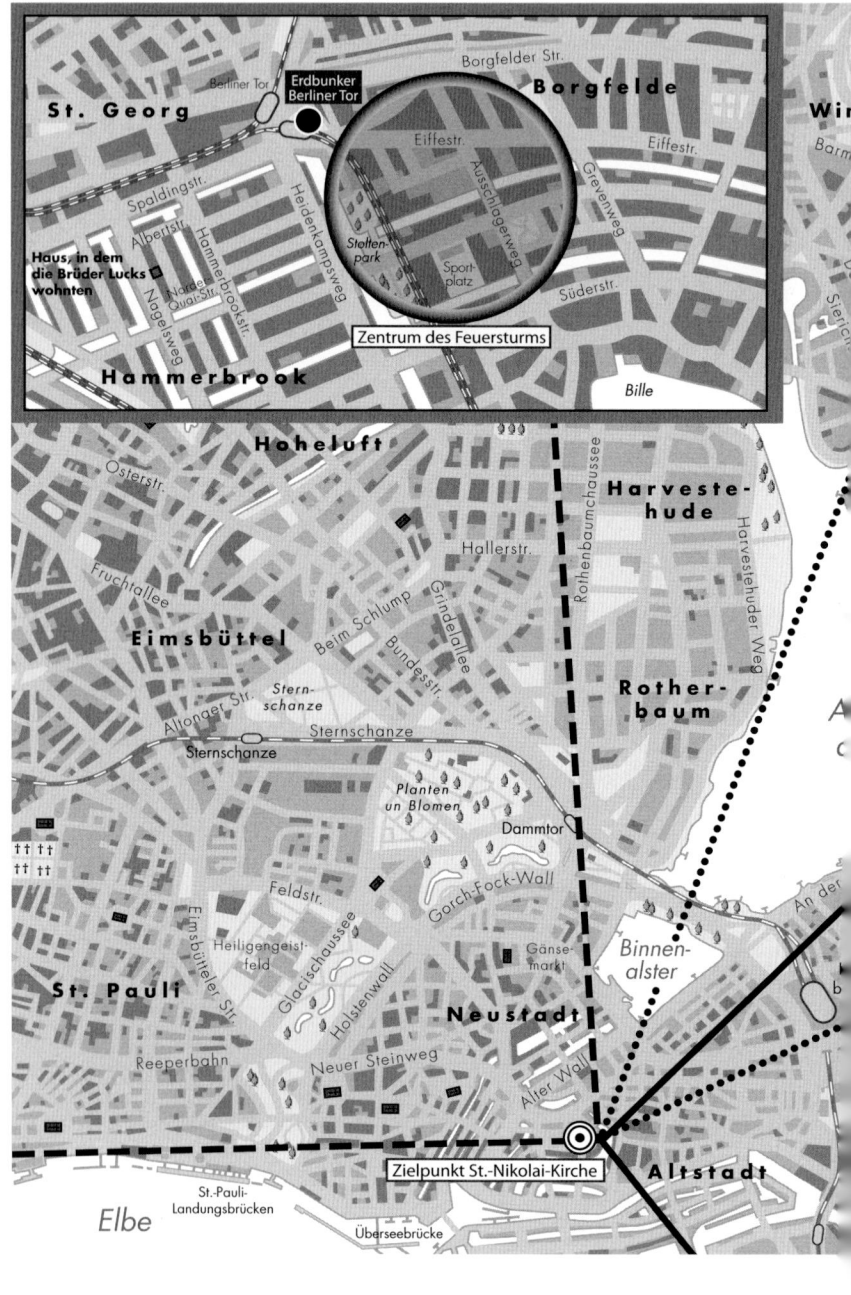

St. Georg

Erdbunker
Berliner Tor

Borgfelde

Wir

Berliner Tor

Borgfelder Str.

Eiffestr.

Eiffestr.

Barm

Spaldingstr.

Heidenkampsweg

Ausschlägerweg

Grevenweg

Süderstr.

Alberistr.

Hammerbrookstr.

Stolten-
park

Steric

Haus, in dem
die Brüder Lucks
wohnten

Nagelsweg

Norder
Quai-Str.

Sport-
platz

Hammerbrook

Zentrum des Feuersturms

Bille

Hoheluft

Osterstr.

Rothenbaumchaussee

Harveste-
hude

Hallerstr.

Harvestehuder Weg

Fruchtallee

Beim Schlump

Grindelallee

Bundesstr.

Eimsbüttel

Rother-
baum

Stern-
schanze

Altonaer Str.

Sternschanze

Sternschanze

A
c

Sternschanze

Planten
un Blomen

Dammtor

†† ††
†† ††

Feldstr.

Gorch-Fock-Wall

Binnen-
alster

An der

Eimsbütteler Str.

Heiligengeist-
feld

Glacischaussee

Gänse-
markt

b

St. Pauli

Holstenwall

Neustadt

Reeperbahn

Neuer Steinweg

Alter Wall

Zielpunkt St.-Nikolai-Kirche

Altstadt

Elbe

St.-Pauli-
Landungsbrücken

Überseebrücke

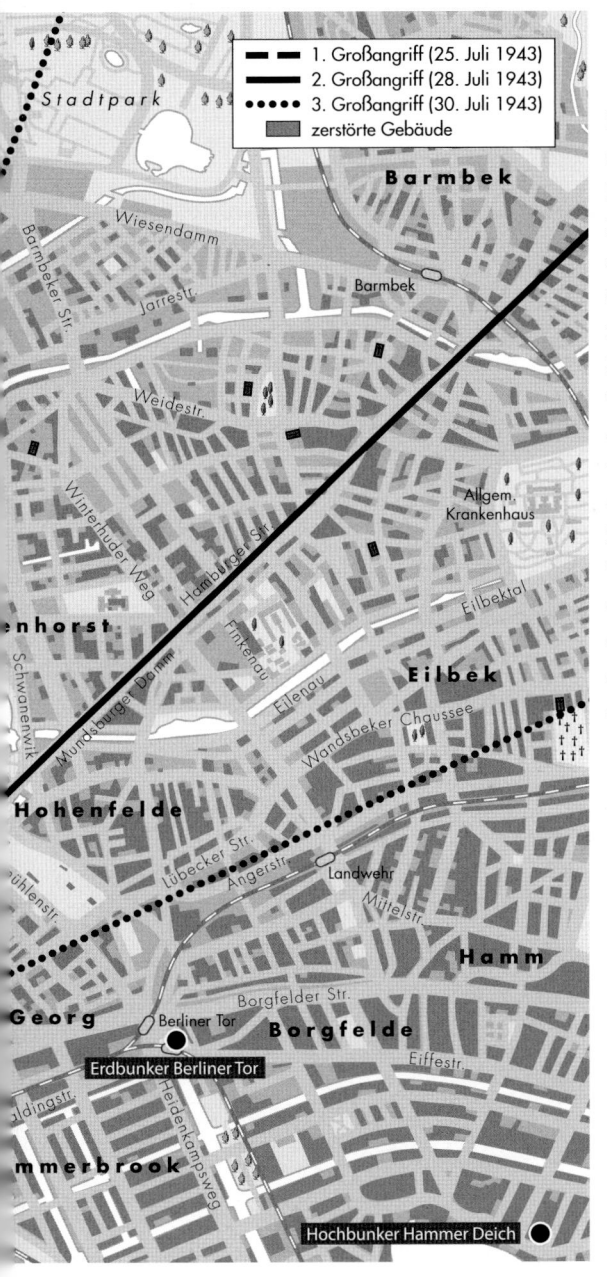

Drei Großangriffe
auf Hamburg als
Kartenansicht.
Der zweite bedeutete
die nahezu vollstän-
dige Zerstörung mei-
ner Heimatbezirke.
Die kleine Karte zeigt,
wie nahe das Zentrum
des Feuersturms
unserem Wohnhaus
am Nagelsweg (siehe
Markierung) war.
Viele der kleinen
Querstraßen auf
dieser zeitgenös-
sischen Karte gab es
danach nicht mehr.

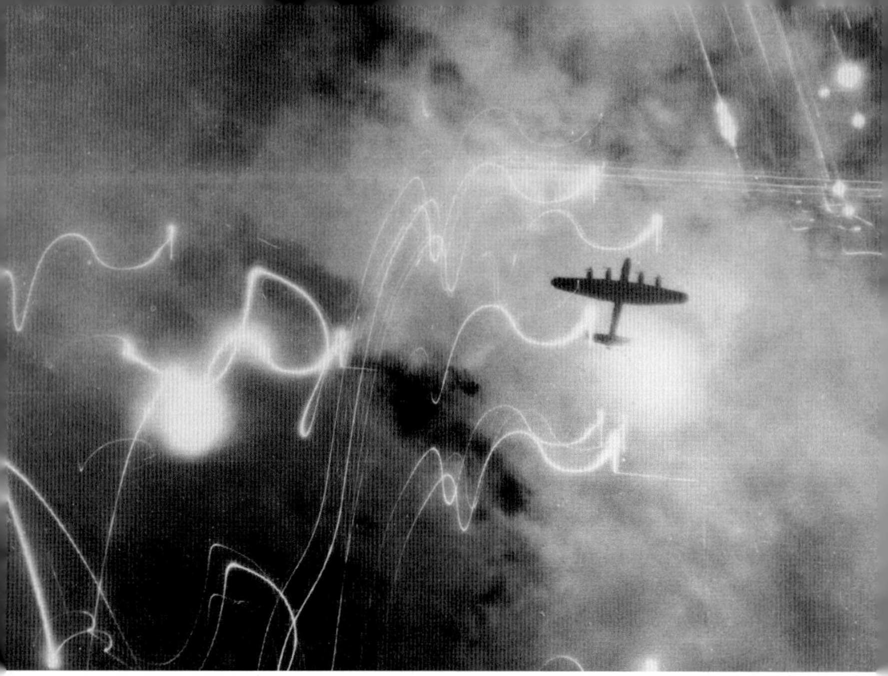

Unten: Hammerbrook nach dem Angriff, ein Meer aus Schutt und Ruinen. Dieser Blick auf die Gothenstraße (heute Gotenstraße) zeigt, wie es überall im Hamburger Osten nach dem Feuersturm aussah.

Links: Einer der gefürchteten britischen Lancaster-Langstrecken-bomber über Hamburg, eingefangen im Licht von Leuchtmarkierungen («Tannenbäume»), Flakfeuer und Suchscheinwerfern.

Rechts und unten: Versorgungsstellen für Ausgebombte auf der Moorweide am Dammtor-Bahnhof: Ein Teller Suppe (rechtes Foto), Brot und Butter (in den Fässern), auch Milch und Bier werden verteilt.

Blick auf den Stadtteil
Eilbek: Von den Wohn-
häusern stehen nur noch
die Fassaden, jegliche
Versorgung, zum Beispiel
mit Wasser oder Strom,
ist zum Erliegen gekom-
men; in diesen Straßen-
zügen wohnt praktisch
niemand mehr.

Direkt gegenüber der zerstörten Wohnung am Nagelsweg (siehe Kreuz) trifft eine Bombe beim letzten Großangriff den Hochbahn-Viadukt. Hamburgs Verkehrssysteme sind inzwischen weitgehend zerstört.

Unten: Häftlinge des KZ Neuengamme mussten aus dem Ziegel-Schutt eine Sperrmauer rund um Hammerbrook errichten, es bestand auch nach den Angriffen immer noch Lebensgefahr durch einstürzende Bauten.

Ein Neuanfang im Kellerloch: Rechts befand sich der Eingang
zu der Ruine, in der die Kruschaks und ich nach der Rückkehr aus
Böhmen einzogen. «Beim Pachthof» hieß die Straße sinnigerweise.
Aber Miete haben wir erst einmal nicht bezahlt.

Heute, ein Dreivierteljahrhundert danach, sind meine Erinnerungen an die zehn Tage im Juli 1943 noch immer sehr lebendig.

tieren für das Laufband mit der Stempelmaschine. Und der sperrigen Post die fälligen Stempel mit einem kleinen Hammer verpassen.

Nach Dienstschluss gegen 14 Uhr lief ich mit Hans-Peter in Richtung St. Pauli. Weit kamen wir nicht, weil überall Feuerwehr und Soldaten im Einsatz waren und uns lästige Gaffer rüde verscheuchten. Etwa auf Höhe des Heiligengeistfeldes sahen wir die ersten Häuserruinen, von denen noch einige Wände standen. Man sah in einer ersten Etage einen Kleiderschrank und in der zweiten einen Küchentisch mit dem Stuhl davor. Auf dem Mauerrest hing ein weiterer Stuhl. Ganz oben standen zwei Eimer, über denen «Löschsand» mit Handschrift an die Wand geschrieben worden war. Unten im Steingeröll lagen ein Korbstuhl und ein offener Vogelkäfig. Ob der Vogel wohl überlebt hat?, fragte ich mich.

Dann begleitete ich Hans-Peter, der im nördlichen Vorort Fuhlsbüttel wohnte, nach Hause. Heute ist Fuhlsbüttel ein Teil Hamburgs, vor allem bekannt durch den Flughafen. Damals war der Vorort berüchtigt, weil sich dort ein Zuchthaus und ein Konzentrationslager befanden, in dem auch politische Gefangene festgehalten wurden. Einige Kilometer Fußweg lagen vor uns, doch solche Distanzen erschreckten mich nicht, ich war das durch die Geländemärsche bei der Hitlerjugend gewohnt. Auf dem Rückweg fand ich im Erdkampsweg ein postkartengroßes Flugblatt auf der Straße, offenbar abgeworfen von der britischen Luftwaffe, der RAF. Darin hieß es sinngemäß, dass das Bombardement bisher nur der Anfang gewesen sei und dass große Angriffe folgen würden. Danach gebe es kein Hamburg mehr, nur noch eine Trümmerwüste. Verbunden waren diese Informationen mit der Aufforderung «Rette sich wer kann» oder so ähnlich.

Ich erschrak, sah mich ängstlich um und warf das Flugblatt umgehend wieder weg, denn dem Verbreiter von Feindpropaganda drohte die Todesstrafe. Als ich später Hermann von dem Flugblatt berichtete, meinte er, ich müsse keine Angst haben, das sei nur das blöde Gerede des «Lügen-Lords». Ich dachte, schon wieder dieser «Lügen-Lord», Churchill wird für alles verantwortlich gemacht. «Die Engländer haben am Sonnabend so viele Maschinen verloren, die haben die Hosen gestrichen voll und kommen nicht wieder», fügte Hermann hinzu. So ähnlich hörte man es auch im Radio. Mit der Wirklichkeit hatte das aber nichts zu tun.

Ich war dennoch einigermaßen beruhigt, wir befanden uns auf dem Weg zu Tante Olga, um dort zu essen, doch auf dem Weg dahin standen einige Leute vor einem Hauseingang und redeten aufgeregt durcheinander. «Was ist los?», fragte Hermann.

«Ach, hier ist eine Bombe eingeschlagen und hat das Dach abgedeckt und die oberste Etage verwüstet», sagte jemand. Teile des Hauses waren also unbewohnbar geworden. Dann kam ein Mann aus dem Eingang, schwer beladen mit einem übergroßen Hitler-Bild. Er rief: «Ich bring das dahin, wo es hingehört – zum Parteibüro da vorn ums Eck.» Der Mann war offensichtlich stinksauer. «Sonst wird das ‹Kunstwerk› (er sagte das betont verächtlich) vielleicht noch gestohlen.» Er forderte mich auf: «Komm, Junge, hilf mir tragen!» Ich verstand erst die ganze Situation nicht: War das jetzt Sarkasmus oder die ernsthafte Sorge eines Ausgebombten um dieses «Kunstwerk»? Aber ich half natürlich, so etwas ließ ich mir nicht zwei Mal sagen. Und widersetzte mich sogar Hermann, der mir zurief: «Günter, das geht uns überhaupt nichts an!»

Der Mann war erwachsen, also packte ich mit an. Wir schleppten das Bild etwa 200 Meter weit bis zur nächsten Dienststelle der NSDAP. Ein Polizist stand vor dem Büro auf der Straße, zeterte und schimpfte: «Bringt das sofort wieder dahin, wo ihr es hergeholt habt.» Also liefen wir wieder zurück, aber vor dem Haus waren Feuerwehrleute und es wollte uns niemand durchlassen. Also stellten wir das Bild vor das Schaufenster eines Schuhmachers. Der kam fluchend die Kellertreppe hochgerannt, schimpfte etwas Missverständliches, es klang wie: «Was soll ich denn damit?» Ich lief schnell weg. Ich hörte noch, wie die Leute spotteten. «Führer befiehl, wir tragen dir!», rief ein Hafenarbeiter, behangen mit «Zampel und Kaffeetäng», Brotbeutel und Blechkaffeebüchse, in Anspielung an den Refrain des Nazi-Liedes «Von Finnland bis zum Schwarzen Meer», wo es am Ende heißt: «Führer befiehl, wir folgen dir!» Die Leute waren ziemlich erbost.

Tante Olga berichtete uns aufgeregt, dass ihre Kunden nur noch ein Gesprächsthema hätten: Hamburg und die Tage der Bombardierung. «In St. Georg, beim Hauptbahnhof, hat eine Bombe mit Zeitzünder einen Balkonvorsprung abgerissen. Im Straßenpflaster ist jetzt ein riesiges Loch. Ach ja, geht nicht nach St. Pauli oder Altona. Da gibt es nur brüchige Ruinen und sie könnten jederzeit einstürzen und euch erschlagen.»

Wieder zu Hause angekommen, ging Hermann früh ins Bett, ich saß noch am Fenster und beobachtete den letzten Hochbahnzug, der da direkt vorbeifuhr. «Und hör bitte nicht Radio London», ermahnte mich Hermann noch. «Du weißt, wie gefährlich das ist, wenn das jemand mitbekommt. Gute Nacht, Goschoi.» Das Versprechen hielt. Es wurde eine Nacht ohne Bombenalarm. Und unsere letzte Nacht zusammen in dieser Wohnung.

Als es Lametta
vom Himmel regnete

«Es ist besser, Hamburg nicht zu zerstören,
da von dort aus das besetzte Deutschland besser
verwaltet werden kann als von Berlin.»

Henry Tizard, wissenschaftlicher Berater der
britischen Regierung, am 22. Juli in einem Brief
an Premierminister Winston Churchill

Dass die Briten bei der Namensfindung für ihren bis dahin massivsten Angriff auf eine Großstadt auf einen Mythos aus dem Alten Testament zurückgreifen würden, war uns damals natürlich nicht bekannt. Erstmals hörte ich, dass Hamburgs Zerstörung als «Operation Gomorrha» bezeichnet wurde, nach meiner Rückkehr aus der Kriegsgefangenschaft Anfang der 50er Jahre. Als Kind aufgewachsen in einer kommunistischen und atheistischen Arbeiterfamilie, kannte ich die Details aus der christlichen Mythologie nicht sehr gut. Aber natürlich hatte ich als Kind im Religionsunterricht von dem himmlischen Strafgericht schon einmal gehört. Und ganz sicher auch von Sodom und Gomorra – in der kirchlichen Schreibweise wird das h nicht mitgeschrieben –, von jenen zwei Städten also, deren Einwohner sich Lust und Lastern hingaben und so den Zorn Gottes auf sich zogen. Woraufhin der Herr beschloss, zwei Engel zu entsenden, um zu überprüfen, was die Bewohner der beiden sündhaften Städte am Toten Meer da so trieben.

Und er hätte sie wohl verschont, hätten sich auch nur zehn Gerechte, also Tugendhafte gefunden. Doch die fanden sich nicht. Die Bewohner der beiden Städte müssen es so toll getrieben haben, dass Gott sie in einem gewaltigen Schwefel- und Feuerregen untergehen ließ. So weit die Legende.

Hamburg war damals keine «Stadt der Unschuld», es war längst nazifiziert. Und Hamburg war als Handels-, Wirtschafts- und Verkehrsknotenpunkt sowie als Werftstandort für die Marine wichtig für die Kriegsführung der Nazis. Aber Hamburg war ganz sicher keine «Stadt der Sünde», Hamburgs Bewohner waren auch nie durch einen besonderen «Eifer» in ihrer nationalsozialistischen oder deutschnationalen Gesinnung aufgefallen. Die Anlehnung an die christliche Mythologie ist daher zynisch, doch im Krieg sind solche Geschmacklosigkeiten wohl eher der Normalfall. Das Grauen, welches uns Hamburgern dann drohte, wäre wohl auch nicht erträglicher gewesen, hätten die Briten die Pläne für die Bombardierung Hamburgs weniger martialisch codiert. Und um beim biblischen Namensgeber zu bleiben: «Zehn Gerechte» hätten sich in Hamburg in jedem Fall gefunden, allein in unserem Freundes- und Bekanntenkreis. Doch den Planern dieser schrecklichen Operation war die biblische Vorlage natürlich egal. Obgleich es sogar im Umfeld des britischen Premierministers warnende Stimmen gab. «Bei den Hamburgern gibt es antipreußische, antirussische und antinazistische Überzeugungen. Zerstört man Hamburg statt Berlin, so wird dies nach dem Krieg die Eliminierung der preußischen Hegemonie erschweren», schrieb Henry Tizard, wissenschaftlicher Berater der britischen Regierung und langjähriger Rektor des Londoner Imperial College, in einem Brief an Winston

Churchill, wie die Tageszeitung «Die Welt» zitierte. All die Hintergründe und technischen Details, über die ich in diesem Kapitel schreibe, konnten wir damals natürlich nicht kennen. Doch ich halte diese Details für wichtig, um unserem damaligen «Blick von innen» den heutigen Stand der Erkenntnis gegenüberzustellen.

Bereits im Frühjahr 1943 hatte sich die britische Führung festgelegt, der Beginn für Hamburgs Bombardierung wurde auf den 24. Juli terminiert. Nicht absehbar war, ob der Sommer trocken und heiß oder feucht und kühl werden würde, was für das Gelingen des Großangriffs von entscheidender Bedeutung sein würde. Wir Kinder jedenfalls freuten uns über einen außergewöhnlich warmen und trockenen Sommer. Im Juli setzte eine Hitzeperiode ein. Wir genossen es, weil wir es lange Zeit vermisst hatten; heiße Sommer sind in Hamburg bekanntermaßen ein seltenes Gut. In diesem Juli 1943 ging in die Freibäder, falls diese im dritten Kriegssommer noch geöffnet hatten, wer konnte. Und in den ersten Juliwochen blieben wir auch von Luftangriffen verschont. Es gab damals viele Menschen, die tatsächlich glaubten, der «alliierte Luftterror» sei ausgestanden, weil die Verluste der alliierten Bomberflotten zu hoch gewesen seien. Nahezu 45 Prozent der alliierten Besatzungsmitglieder verloren im Luftkrieg gegen Deutschland ihr Leben, insgesamt 55 573 Menschen. Was dazu führte, dass die Briten ihrem Luftmarschall Arthur Harris den Beinamen «Butcher» gaben, Fleischer also. Eine Zeitlang glaubte man im Reich, der Feind aus der Luft hätte sich an der bis an die französische Kanalküste tief gestaffelten deutschen Flugabwehr die Zähne ausgebissen.

Von der deutschen Luftabwehr wurden die alliierten

Bomberflotten stets kurz nach ihrem Start auf den verschiedenen, über die ganze Insel verstreuten Flughäfen geortet, weil der Horchdienst der Luftwaffe den Funkverkehr der Bomber belauschte. Nachdem sie die Kanalküste überflogen hatten, lauerte gleich die erste Gefahr auf die aus England anfliegenden Maschinen. Ein tief gestaffeltes System aus Flakposten, Scheinwerferbatterien und zum Start bereitstehenden Jägerstaffeln erwartete sie. Ein gewisser Oberst Josef Kammhuber hatte dieses System entwickelt, dessen wirksamste Waffe verschiedene Nachtjagd-Geschwader waren, die in sich überschneidenden Luftverteidigungszonen operierten, «Himmelbetten» genannt. Die Angreifer flogen in ein waffenstarrendes Bollwerk.

Die Alliierten hatten dadurch teilweise entsetzliche Verluste zu beklagen. Beispielsweise verlor die US-Luftflotte im Rahmen der «Operation Double Strike» am 17. August 1943 beim Angriff auf die Kugellagerfabriken im nordbayerischen Schweinfurt 158 von 220 viermotorigen Bombern durch deutsche Jäger und Flak-Beschuss. Monate später, am 14. Oktober 1943, der Tag ging als «schwarzer Donnerstag» in die Geschichte der USAAF (United States Army Air Forces) ein, verlor man auf einen Schlag 77 Fliegende Festungen erneut über Schweinfurt durch Abschuss, 121 wurden stark beschädigt. Für die Alliierten waren das schwere Rückschläge. Und es soll damals tatsächlich Überlegungen gegeben haben, den Bombenkrieg einzustellen – nicht aus moralischen Erwägungen, sondern aus Gründen der Effizienz. Doch vor diesen verlustreichen Angriffen auf Schweinfurt im August beziehungsweise Oktober war es ja im Juli zum Angriff auf Hamburg gekommen – und diese

«Operation Gomorrha» hatte bereits das Gegenteil bewiesen: dass nämlich der Bombenkrieg, die fast komplette Zerstörung einer Millionenstadt, auch mit nur geringen Verlusten für die Alliierten möglich war.

Um das Gelingen von «Gomorrha» zu gewährleisten, kam eine Geheimwaffe zum Einsatz, die nicht tödlich, nicht einmal gefährlich war, die deutsche Luftverteidigung aber für den entscheidenden Zeitraum der gesamten Operation paralysieren sollte: Stanniolstreifen, ähnlich wie Lametta, nur breiter und länger. Ich sehe diesen seltsamen Flitter-Regen noch deutlich vor mir. Und wunderte mich damals, als es dieses Lametta regnete. Niemand ahnte, dass es sich um ein neues Mittel der Alliierten gegen das deutsche Radar handelte. Wir fanden es lustig, Hamburg sah aus wie nach einer dieser amerikanischen Siegerparaden, doch die Erwachsenen waren beunruhigt. «Wollen die uns damit vergiften?», raunte man. Einige weissagten, «da kommt noch ein dickes Ding». Was wir damals nicht wussten: Die britischen Pfadfinder-Maschinen, die Vorhut also, ließen auf ihrem Weg zwischen den Niederlanden und der dänischen Küste über dem tief gestaffelten deutschen Wall aus Horchstationen, Radarposten, Scheinwerferabteilungen und Flakstellungen 90 Millionen dieser 27 Zentimeter langen Streifen beidseitig mit Aluminium beschichteten dunklen Papiers vom Himmel regnen. «Windows» hieß das Projekt, das schon am ersten Tag dafür sorgte, dass sich das Risiko für die Piloten der Royal Air Force minimierte. Denn mit dieser «Geheimwaffe» wurde das deutsche Radar geblendet, Flugzeuge konnten nicht mehr geortet werden. Die deutschen Nachtjäger, die Feuerleitsysteme für die Flak und selbst die Scheinwerfer konnten nicht operieren.

Von den 791 Maschinen der ersten Angriffswelle wurden nur zwei abgeschossen. Das war ein bemerkenswerter Erfolg, zuvor war der Verlust der halben Flotte eher der Normalfall. Weil «Windows» allerdings auch die Abwurfgenauigkeit der eigenen Bomber störte, die dann ihre Ziele nicht mehr fanden, verzichteten die Briten bei späteren Angriffen darauf. Was auch daran lag, dass die deutsche Flugabwehr die «Windows-Paralyse» schnell überwunden hatte. Doch auch ohne «Windows» hatten die Alliierten leichtes Spiel am Himmel über Hamburg. Bei den vier Großangriffen verloren die Alliierten binnen zehn Tagen nur insgesamt 86 Bomber. Viele gingen bei Zusammenstößen unterwegs oder bei der Landung zu Bruch.

Weil sich die Piloten zuvor oft verflogen hatten, bekamen sie logistische Hilfe. In Form eines kleinen Buches. «Bomber's Baedeker for Air Ministry – Facts about Enemy Towns» nannte sich das, mit Bezug auf den bekanntesten und ältesten aller Reiseführer. Über diesen «Bomber-Baedeker», der für die Piloten und ihre Crews in alphabetischer Reihenfolge kurz über alle deutschen Städte informierte, in denen mehr als 15 000 Einwohner lebten, berichtete erstmals die australische Zeitung «The Argus» im Kriegsjahr 1943. Der «Bomber's Baedeker» war in erster Linie eine Beschreibung des Weges zur Stadt, listete zudem aus der Luft zu findende optische Merkmale auf. In knappen Ausführungen wurden die deutschen Städte außerdem in Bezug auf ihre ökonomische Bedeutung und auch ihren historischen Reichtum beschrieben. In Jörg Friedrichs Standardwerk «Der Brand» über den Bombenkrieg allgemein heißt es: «Das Stadtziel umgab ein Kreis im Dreimeilenradius, zu dieser Zeit die kleinste Maßeinheit des Bomber Command.

Was produziert, gelagert und befördert, was besiedelt, versammelt, verteidigt und verschanzt war im Reich, was Rohstoffe, Kenntnisse, Kunstschätze und Heiligtümer barg, kam auf die Liste.»

Auf Seite 303 im ersten Band des «Bomber's Baedeker» wird meine Heimatstadt beschrieben: «Hamburg nimmt seit geraumer Zeit den ersten Platz unter den Häfen Kontinentaleuropas ein und ist zum drittgrößten Schifffahrtszentrum der Welt aufgestiegen.» Auf 25 Seiten werden E- und Wasserwerke, Hafenanlagen und diverse Industrieanlagen aufgelistet, geordnet nach Stadtteilen. Nur unser Hammerbrook kommt darin nicht vor. Was bemerkenswert ist, weil es zu den Stadtteilen gehörte, die in der «Operation Gomorrha» am stärksten betroffen waren. Jedem englischen Piloten, der damals in Richtung Hamburg startete, musste nach der Lektüre des Buches eigentlich klar sein, dass es im Osten der Stadt keine wichtigen strategischen Ziele gab. Sondern dass da ausschließlich Menschen lebten – Arbeiter, Familien, einfache Leute.

Der geplante Großangriff blieb in der britischen Führung umstritten. Wiederum war es Henry Tizard, der am 22. Juli an Churchill schrieb: «Es ist besser, Hamburg nicht zu zerstören, da von dort aus das besetzte Deutschland besser verwaltet werden kann als von Berlin.» Auch gab es zwischen Amerikanern und Briten unterschiedliche Auffassungen über die Präzision und Wirkung dieser Großangriffe. Die Amerikaner setzten eher auf Attacken am hellen Tag, weil man so Industrieanlagen und strategische Punkte genauer treffen konnte. Hohe US-Militärs verwiesen auch auf humanitäre Gründe, mit denen sie die britischen Flächenbombardements ablehnten. Man wolle

nicht verantwortlich dafür sein, «den Mann auf der Straße strategisch zu bombardieren», äußerte etwa General
Ira Eaker, Kommandeur der 8. US-Luftflotte. Krieg gegen
Zivilisten widerspreche «unseren nationalen Idealen»,
sagte auch General Laurence Kuter, Vize-Planungschef der
US-Luftwaffe. So sollen die Amerikaner einem Großbom-
bardement Berlins ihre Unterstützung verweigert haben,
weil das Kommando rügte, die RAF wolle die Amerikaner
«für die Folgen dieser schrecklichen Bombardierung mit-
verantwortlich machen». Das war kurz nach Kriegseintritt
der Amerikaner. Im weiteren Kriegsverlauf und mit der zunehmenden Brutalisierung («totaler Krieg») unterschieden
sich auch die US-«Präzisionsangriffe» kaum mehr von den
englischen Flächenbombardements.

Was blieb, war die grundsätzliche klare Arbeitsteilung
zwischen Briten und Amerikanern: Die US-Luftflotte bom-
bardierte tagsüber gezielt die militärisch und industriell
wichtigen Objekte, das britische Bomber Command nachts
die Wohngebiete im Umfeld. Dass die USA tagsüber angriffen, hatte aber auch rein technische Gründe. Die Mustang-
Jäger konnten ab 1943 mit Zusatztanks ausgestattet werden, sodass sich ihr Einsatzradius auf bis zu 2000 Kilometer
erhöhte. So konnten sie die US-Bomberkonvois auch auf
langen Strecken gegen deutsche Jäger verteidigen. Zudem
waren die US-Bomber vom Typ Liberator und Boeing mit
technisch raffinierten Bombenzielgeräten ausgerüstet, sodass man «notfalls in ein Gurkenfass» treffen konnte, wie
es ein amerikanischer Pilot formulierte.

Bei den britischen Nachtangriffen bildeten Maschinen
vom Typ Avro Lancaster B I mit sieben Mann Besatzung
den größten Teil der aus 400 Maschinen bestehenden Pulks

der ersten Angriffswelle. Jedes Flugzeug, angetrieben von vier Rolls-Royce-Merlin-Motoren, konnte bis zu 6,3 Tonnen Bomben tragen. Im Schnitt belud man jede Maschine mit einer 2000-Kilo-Sprengbombe, die Dächer abdecken oder Fassaden zum Einsturz bringen sollte, sowie 2832 Brandbomben. Die anfliegenden Geschwader versuchten sich stets gegenseitig abzuschirmen. Die wirksamste Formation bestand aus je neun Sechsergruppen, also insgesamt 54 Maschinen, die sich zu einem eng gestaffelten Block zusammenschlossen, «Combat Box» genannt, also Kampfverband, um Jägern weniger Angriffsfläche zu bieten. Die Vorhut der Bomberflotte bildeten stets ebenjene Pfadfinder, zumeist Flugzeuge vom Typ De Havilland «Mosquito», die zur Zielmarkierung Leuchtmunition abwarfen, die langsam fiel, dann mehrere Minuten lang brannte, von uns «Christbäume» genannt. Aufgabe der Christbäume war es, die Stadt für den nachfolgenden, tiefer fliegenden Bomberpulk «auszuleuchten». Weshalb die Pfadfinder auch in 9000 Metern über der Stadt kreisten, um ständig «Beleuchtung» nachzulegen.

Die Sprengbomben waren es, die uns die größte Angst einflößten. Ihr Aufschlag und die anschließende Explosion lösten wahre Beben aus. Die größte war der sechs Tonnen schwere Bunkerknacker «Tallboy» (großer Junge), die jedoch erst ab 1944 zum Einsatz kam. Ursprünglich war sie vom britischen Ingenieur Barnes Wallis zum Zerstören großer Bunker entwickelt worden. Diese größte Kategorie Bombe nannten wir Luftmine. Bei den Briten hieß sie auch Blockbuster, weil sie ganze Wohnblöcke zerstörte. Unscheinbarer, in ihrer Massivität aber folgenschwerer waren die viel kleineren Stabbomben, von denen bei jedem Großangriff mehr als eine Million Stück abgeworfen wurden. Sie waren etwa 55 Zentimeter lang und zwei Kilogramm schwer. Sie bestanden aus einer Zink-Magnesium-Legierung. Ein Schlagbolzen entzündete beim Aufprall kleine Kügelchen, bestehend aus einem Gemisch von Eisenoxid und Aluminiumgranulat, auch Thermit genannt, welches vorrangig beim Schweißen Anwendung findet. Acht Minuten lang brannte diese einem Schweißgerät ähnliche Flamme – und setzte in Brand, was sich an Brennbarem in unmittelbarer Nähe befindet. 30 bis 40 Sekunden brauchte so eine Brandbombe, ehe sie aus 4000 Meter Höhe den Boden erreichte.

Wenn sie auf dem Boden aufschlug, war das Flugzeug bereits drei Kilometer weitergeflogen. Die Bomben fielen auch nicht senkrecht herab, sondern beschrieben mit ihrer Flugbahn eine Parabel, da sie ja beim Verlassen des Flugzeugs dieselbe Geschwindigkeit hatten wie die Maschine, aus der sie fielen. Insgesamt setzten die Westalliierten in Europa während des ganzen Krieges bis zu 30 000 Flugzeuge ein, die bei anderthalb Millionen Einsätzen fast drei Millionen Tonnen Bomben abwarfen. Allein in Deutschland wurden 160 größere und viele kleine Städte zerstört, wobei mehr als 400 000 Menschen den Tod fanden.

Die längste Nacht
meines Lebens

«Ich bin gleich wieder da.»

Der 15-jährige Hermann Lucks, Minuten bevor
ihn der Hamburger Feuersturm verschlang

Seltsam, dass man sich heute, eine Ewigkeit nach diesen tragischen Ereignissen, noch an so etwas Banales wie das Wetter erinnert. Der Dienstag, der 27. Juli, war aus meteorologischer Sicht ein unglaublich schöner Tag. Es war der Höhepunkt dieser Schönwetterperiode. Das Thermometer überschritt an diesem Tag noch einmal die 30-Grad-Marke.

Wer noch ein Zuhause hatte, suchte irgendwo draußen Abkühlung. Die Freibäder waren inzwischen alle geschlossen. Mein Bruder paukte, wie schon die Tage und Wochen davor, für seinen Prüfungstermin, der in drei Tagen, also Ende der Woche stattfinden sollte. Mich schickte mein Vorgesetzter bei der Post an jenem Dienstag zur Briefkastenleerung in die verschiedenen Straßenbahnen. Hamburg war im ganzen Reich die einzige Stadt, in der seit 1921 jeweils an das Ende eines letzten Wagens der Straßenbahn ein Briefkasten montiert war. Die Hochbahn hatte dazu mit der Post einen Vertrag geschlossen. Einmal am Tag musste jemand vom Hühnerposten aus losgehen, um diese Briefkästen zu entleeren. An diesem Tag traf es mich.

Am Hauptbahnhof, wo sich die vielen Bahnlinien am zentralen Knotenpunkt kreuzten, musste ich an das Ende der dort stoppenden Züge gehen, ausgerüstet mit einem Dreikantschlüssel geschwind die Kästen öffnen und die Sendungen in einen mitgeführten großen Lederbeutel fallen lassen. Das war in Spitzenzeiten recht anstrengend und bedurfte einiger Fingerfertigkeit. Gegen 13.30 Uhr zur Mittagszeit war ich damit fertig und ging zurück ins Postamt. Bevor ich mich in den Feierabend verabschiedete, flitzte ich noch in die vierte Etage, wo sich die Abteilung Zustellung befand. Weil wir im selben Bezirk wohnten, in dem sich das Hauptpostamt befand, lagerte hier auch die Post für unser Haus. Im entsprechenden Fach fand ich einen Brief für Hermann von der Bannführung der Hitler-Jugend und eine Ansichtskarte aus Brünn, die unsere Mutter geschickt hatte.

Zu Hause angekommen, öffnete Hermann seinen Brief und verkündete, dass er zum Oberscharführer befördert worden war. «Da gehe ich gleich morgen zu ‹FahnenFleck› und kaufe mir die Rangabzeichen», sagte Hermann mit triumphierender Stimme. Noch heute gibt es die «Fahnen-Fleck GmbH & Co. KG», einen Hersteller und Lieferanten für Flaggen, Masten, Werbemittel. Der Laden, von dem Hermann sprach, befand sich an der Straße Großer Burstah in der Innenstadt. Ich hatte Langeweile und schaute ihm beim Lernen über die Schulter. «Was ist das?», fragte ich und zeigte auf seine Notizen.

«Das hier links ist Debit und rechts ist Kredit und der Schrägstrich ist eine Buchhalternase», sagte Hermann.

«Du willst mich nur verarschen», wandte ich ein.

Er gab mir einen Klaps auf den Kopf und meinte: «Davon verstehst du nichts, min Lütten.» Er nahm seine Tasche und sagte: «Ich gehe zu Opa Schill, der muss mich mal abhören, sonst vergeige ich die Arbeit. Ich hoffe, er erzählt nicht wieder stundenlang olle Geschichten von Papa Bebel. Komm nicht zu spät zum Abendessen zu Tante Olga, Goschoi. Wir sehen uns später.»

Dann war er weg. Erst am späten Nachmittag betrat ich Tante Olgas Gemüsegeschäft. Vor der großen Schaufensterscheibe verlief auf halber Höhe ein Messingrohr, um Passanten auf Distanz zu halten. Vor dem Laden an der Schaufensterscheibe stand ein vielleicht 13-jähriges Mädchen, hielt sich mit einer Hand an der Messingstange fest, stand auf einem Bein und machte mit dem anderen seltsame Verrenkungen. «Was machst du da?», fragte ich.

Sie blickte nur kurz zu mir, setzte dann mit gespielt hochmütiger Kopfhaltung und einem ebensolchen Gesichtsausdruck ihre Übung fort und sagte eher beiläufig: «So etwas macht man im Ballettunterricht. Ich möchte mal Tänzerin werden.»

Dabei beließ sie es.

Der Laden befand sich im Souterrain fünf Stufen abwärts vom Gehweg. Auf der großen Ladentheke stand die damals übliche Waage mit Messingschale, in die Gewichte gelegt wurden, darüber war eine schwarze Schiefertafel angebracht. In Friedenszeiten hingen über dem Verkaufstisch stets große Bananenstauden, doch an Südfrüchte, auch Apfelsinen und Zitronen, war im vierten Kriegsjahr nicht mehr zu denken. An einer der Seitenwände befand sich ein großer, hölzerner Kartoffelkasten. In einzelnen Fächern lagerten die verschiedenen Sorten – Bona, Sieglinde, Ackersegen. Kartoffeln gab es damals noch reichlich, Mecklenburg war der Garten, der Hamburgs Bevölkerung versorgte.

Tante Olga war ein Arbeitstier, die sich nicht schonte, die auch schwere Säcke hob und sich die Hände schmutzig machte. Stets trug sie eine Schürze über ihren Kleidern. Besonders stolz war sie darauf, wie gut sie rechnen konnte. Bei jeder Gelegenheit zeigte sie uns ihr Abschlusszeugnis aus der Schule: In Religion und Musik hatte sie eine 4 – alle anderen Fächer waren mit 1 benotet. «Günter, was macht 13 mal sieben», fragte sie ganz überraschend. Und amüsierte sich dann immer, wie lange ich still vor mich hin rechnete, ehe ich unsicher und fragend «91 …?» herauspresste. Sie hatte mir auch immer bei meinen schulischen Rechenaufgaben geholfen und sagte mir oft das große Einmaleins auf. «Mathematik ist im Leben wichtig», hielt sie mir stets vor. Ich hatte damit meine liebe Not, und das wollte sie gern ändern. Mit uns sprach sie Hamburger Platt, doch vor den Kunden bemühte sie sich stets, sich vornehm und geziert auszudrücken. An der Wand im Laden hing ein Telefonapparat, ein großes Gerät, das es damals nur in wenigen Haushalten gab. Wenn es klingelte, man müsste eher rasselte sagen, nahm sie feierlich den Hörer ab und sagte gedehnt: «Pa-hasch, Naaaagelsweg.» Hermann und ich fanden das lustig und äfften es zu Hause immer nach: «Aaaarsch, Nagelsweg.»

«Kann ich etwas helfen?», fragte ich. «Ne, Günter, alles fertig. Heute habe ich euch etwas Schönes gekocht. Sollte eigentlich erst das Mittagessen für morgen sein, aber ihr könnt schon mal etwas davon kosten», sagte sie kichernd. Wir schlossen den Laden und gingen hoch in die Wohnung. Es war tatsächlich so etwas wie ein vorweggenommenes Weihnachtsessen. Es gab eine leckere Kohlsuppe, gekocht auf Basis einer Rinderbrühe mit einer dicken Fettschicht.

Hermann hatte am Vortag eine Blechkanne voll mit Brühe und Knochen vom Freibank-Schlachter angeschleppt. Fleisch war in diesen Tagen etwas Seltenes, das wir vermissten, etwas, das unsere Phantasie anregte. «Das ist 'ne Suppe, und ausnahmsweise kucken heute mal mehr Augen aus der Suppe raus, als in die Terrine rein, oder Günter?», wiederholte Tante Olga ihren Lieblingswitz.

Da stürmte auch schon Hermann mit dem Ruf «Ich hab brüllenden Hunger!» herein. Dann aßen wir. «Es isst der Mensch, es frisst das Pferd, doch heute ist es umgekehrt», entfuhr es Tante Olga, als sie uns die Suppe herunterschlingen sah.

«Ich nehme morgen die Karre und fahre zum Gemüsemarkt, es soll wieder Sonderzuteilungen geben …», schlug Hermann vor.

Doch in Wahrheit waren diese Zeiten, in denen U-Boote Frachtschiffe gekapert hatten und deren Waren umgehend in Hamburg als «Sonderzuteilungen» verkauft wurden – portugiesische Ölsardinen oder in Dosen eingelegte Pfirsiche zum Beispiel –, schon lange vorbei. Längst waren unsere U-Boote nicht mehr Jäger, sondern Gejagte. Tante Olga schnatterte noch viel. Doch die wirklich entscheidenden Dinge, die uns angesichts dieser Bombennächte das Leben hätten retten können – sie blieben an diesem Abend leider ungesagt. Zum Beispiel, was zu tun sei, wenn der nächste Bombenangriff unseren Stadtteil treffen sollte: Wo traf man sich danach, wie fand man zueinander? Wir sagten der Tante tschüs und versprachen, am nächsten Tag wieder vorbeizukommen. Wir gingen auseinander – ohne die letzte Chance genutzt zu haben, unheilvolle Missverständnisse auszuschließen.

Wir liefen die paar Meter bis zu unserer Wohnung, in der am Abend noch die Hitze stand. Wir öffneten die mit schwarzem Papier beklebten Fenster. «Das blöde schwarze Papier pulen wir demnächst ab», sagte Hermann, «dadurch heizt sich unsere Wohnung so auf. Und die Bomber finden ihre Ziele auch so …»

Er hatte recht. Viele der Vorschriften über das Verhalten bei Bombenangriffen, die vom Kriegsanfang stammten, waren von der Realität inzwischen ad absurdum geführt worden. Und die in den ersten Kriegsjahren noch pflicht-versessenen Luftschutzwarte mit ihren hellblauen Arm-binden waren nachlässiger geworden, wenn Menschen die strengen Auflagen verletzten. Auch ihre Rufe «Licht aus!» waren seltener zu hören. Man spürte angesichts der jüngsten Bombenangriffe, dass die Intensität der alliierten Zerstörungen nicht in Zusammenhang mit dem Verdunke-lungsgrad deutscher Städte zu bringen war.

Ihre wichtigste Aufgabe sahen die Luftschutzwarte jetzt darin, als Türsteher an den Betonbunkern darauf zu ach-ten, dass niemand mehr in den Schutzraum kam, sobald er voll war. Dann verriegelten sie die Eisentüren. Wer nicht rechtzeitig da war, musste zusehen, wo er unterkam.

Ein Zug der Hochbahn ratterte draußen vorbei, ein scheinbar perfekter Tag neigte sich dem Ende zu. Wir saßen noch eine Weile zusammen und spielten «Mensch ärgere Dich nicht». Ich weiß nicht, warum, aber Hermann gewann fast immer. Ich vermute, dass er schummelte, aber ich konnte ihn nie überführen. So schnell würfelte er und setzte dann die Augenzahl in Schritte um – und schon reich-te er die Würfel weiter, sodass mir kaum Zeit blieb, nach-zuzählen. Ich nahm es hin, er war ja auch älter. Manchmal versuchte ich, ihn im Ringkampf zu besiegen. Das schaffte ich aber nie, denn er war zu groß und zu stark. Der Vorteil war, dass er mich beschützte. Wenn andere Jungs mir Prügel androhten, drohte ich ihnen damit, meinen großen Bruder zu rufen. Das half immer, sie kannten ihn ja und wussten um seine Stärke.

Ich legte mich ins elterliche Doppelbett, Hermann auf das Sofa in der Wohnstube, um neben sich das Radio leise dudeln zu lassen. Ich musste morgens um 9 Uhr im Postamt sein, das hieß, um 8 Uhr das Haus zu verlassen. Briefzustellung stand auf dem Lehrplan. «Da kannst du ja gleich mal im Regal nachsehen, ob Mutti uns wieder einen Brief geschickt hat, den bringst du gleich mit», meinte Hermann. «Gute Nacht, Goschoi», hörte ich aus dem Nebenzimmer. Dann döste ich ein.

Doch lange schlief ich nicht, plötzlich rüttelte Hermann mich wach. Er stand neben dem Bett in seiner HJ-Uniform und sagte: «Steh auf, es geht schon wieder los.» Onkel Baldrian hatte sich wieder im Radio gemeldet. «Großer feindlicher Kampfverband im Anflug auf Nordwestdeutschland.» Ich rappelte mich hoch, der Wecker zeigte auf kurz nach halb zwölf.

«Was soll ich anziehen und mitnehmen?», fragte ich ihn.

«Lass ja deine Soldaten hier», war das Erste, was er sagte. Doch an die hatte ich gar nicht gedacht. «Zieh deine Winteruniform an, du weißt schon, die Skihose. Falls wir nachher über Trümmer gehen oder später im Freien schlafen müssen.»

Ich ging zum Schlafzimmerschrank und zog die viel zu warme lange Hose an, die wie eine Pumphose aussah und unten Riemchen hatte, die sie am Bein abschlossen.

Offiziell wurde diese Hose aus dunkler Wolle «Skihose» genannt, dazu trug ich das braune Hemd. Die Hose wurde von einem Koppelriemen gehalten. Als Schuhwerk hatten wir kurze Stiefel, die links und rechts mit kleinen Blechhäkchen versehen waren, durch die die Schnürsenkel verliefen. An der Sohle befanden sich die sogenannten eckigen Soldatennägel.

Die Radiosendung wurde unterbrochen und wir hörten die auf- und abschwellenden Sirenentöne. Was Vollalarm bedeutete. In der Regel blieben einem bis zum Fall der ersten Bomben jetzt 15 Minuten Zeit.

«Die Tür nicht zuschließen», rief ich Hermann im Rennen noch zu. Im Vorbeigehen schloss Hermann wieder die Tür von Bringfriede Stolls Wohnung im Erdgeschoss auf. Dann erreichten wir den Keller. Mal wieder saßen wir in der kleinen Wäscherei beisammen – dieses Mal sieben Frauen, einige Kinder und fünf Männer, überwiegend jenseits der 50, dazu Hermann und ich. Ich machte es mir auf einem großen Bügelbrett bequem, weil alle Stühle besetzt waren. Auch die Sirenen draußen auf der Straße heulten jetzt drei Mal an- und abschwellend. Was für die Menschen in den Bunkern bedeutete, es wurde ernst. Wieder steuerten die Bomber Hamburg an, der zweite große Angriff also.

Damals hatten wir kein Zeitgefühl, aber heute weiß ich, dass es 20 Minuten vor 12 Uhr gewesen sein muss, als das bekannte dumpfe Wummern der schweren Acht-Achter einsetzte. Das Schießen der Flak schwellte alsbald ab, und dann fielen die Bomben. Wir merkten bald, dass sie dieses Mal nicht auf entfernte Stadtteile Hamburgs niedergingen, sondern dass man uns hier im Osten im Visier hatte.

In den Dokumentationen über die Bombardierung ist festgehalten, dass das Grauen genau 1.02 Uhr begann und die ersten Bomben unseren Stadtteil Hammerbrook trafen. Aus dem kleinen, matten Kellerfenster konnte ich, wenn ich mich lang machte, sehen, was auf der Straße passierte. Es war heller als sonst. Das mussten die Christbäume sein. Ich teilte den Leuten im Keller mit, was ich da sah. «Da liegen viele dieser kleinen Stabbrandbomben auf der Straße», erzählte ich.

«Die richten nichts an, die gehen auf der Straße nach einer Weile von selber wieder aus», sagte einer der alten Männer, während er mit der Hand abwinkte. Die Stabbrandbomben waren nur gefährlich, wenn sie auf abgedeckte Häuser fielen und dort das Gebälk entzünden konnten. Da draußen war ein Wummern und Dröhnen, das die Erde in Schwingungen versetzte. Es ist ein nur schwer zu beschreibendes Gefühl, welches sich eines bemächtigt, wenn man in einem nur schwach beleuchteten Keller sitzt, während da draußen gerade Dantes Inferno auf die Wirklichkeit trifft. Ich fühlte Hilflosigkeit und Platzangst. Dieses schreckliche Donnern und Rumpeln ließ in uns Urängste erwachen. Jedem war klar, dass es keinen Schutz vor den Bomben gab – nicht mal in einem der tief liegenden Großbunker, noch weniger in unsrem Kellerloch, das ja eigentlich eine Wäscherei war.

Es mochten 20 Minuten seit dem ersten Fall der Bomben vergangen sein, da hörten wir ein furchtbares Krachen, das war anders, viel lauter, tiefer, dumpfer als die Einschläge zuvor. Ein Haus ganz in der Nähe musste von einer Sprengbombe getroffen worden sein, sodass auch unser Haus erzitterte, ja fast so etwas wie einen kleinen Hüpfer zu machen schien. «Das war eine Luftmine», sagte mit heiserer Stimme der alte Mann, der vorhin noch beruhigt hatte.

«Hilfe, aufhören!», kreischte eine der Frauen.

Die einzige Glühbirne, die unseren Raum in ein mattes Licht getaucht hatte, war längst ausgegangen, vermutlich war die Stromversorgung zusammengebrochen. Die Leute hatten zwei Kerzen entzündet. Im schwachen Licht sah ich, dass das eben noch blaue Kleid der Frau, die schrie, von weißem Putz bestäubt wurde, der von der Decke rieselte. Alles schrie durcheinander, die Kinder weinten. Ich stand unter Hochspannung, die Angst lähmte mich. Hermann war hier unten der Einzige, der die Nerven behielt und unsere kleine Gemeinschaft beruhigte. Er nahm die Frau in den Arm und sprach ihr Mut zu: «Unser Haus steht ja noch, alles ist bald vorüber! So wie es auch in der Nacht zu Sonntag vorübergegangen ist.» Und tatsächlich schaffte er es, die Frau zu beruhigen, weil da draußen plötzlich Ruhe einsetzte. Doch sie hielt nur wenige Sekunden vor, denn die Flieger kamen in Wellen.

Dann war die nächste Gruppe Bomber da, und wieder krachte und bebte der Boden. Ich hatte mich wieder ans Kellerfenster gestellt. Mir schien es, als würde die Luft da draußen brennen. «Der Tod kommt von oben!», näselte der alte Mann. Es war wie ein Selbstgespräch, das er führte. Er wirkte jetzt unheimlich. Hermann, der neben ihm saß, stieß ihn in die Seite und schimpfte: «Hör auf mit dem Gesabbel, oller Dösbattel!» So hört sich das an, wenn man in Hamburg deutlich machen will, dass jemand Blödsinn redet. «Nur mit der Ruhe, Leute, morgen scheint wieder die Sommersonne», sagte Hermann gelassen. Ich glaube, wir alle blickten auf ihn. Solange er die Nerven behielt, gab es keinen Grund, in Panik zu verfallen. Ich war in diesem Moment wahnsinnig stolz auf meinen großen Bruder, ich vertraute ihm.

Die Kinder aber wimmerten und ließen sich nicht mehr beruhigen. Ich sprang wieder von meinem Bügelbrett herunter und stellte mich jetzt in den Türrahmen, weil ich bei zerstörten Gebäuden gesehen hatte, dass oft die Türrahmen stehen geblieben waren, während das Haus nur noch ein Haufen Schutt war. In solchen Momenten klammert man sich an jeden Strohhalm. Einer der alten Männer murmelte die ganze Zeit Gebete: «Herrgott im Himmel.» Dann fing er an, das ganze Vaterunser herunterzuspulen. «… Dein Reich komme. Dein Wille geschehe …» Ich erinnerte mich in diesem Moment an meine kommunistische Erziehung. Und summte leise vor mich hin: «Es rettet uns kein höh'res Wesen, kein Gott, kein Kaiser noch Tribun», die zweite Strophe der «Internationale». Dann hörte ich ihn wieder murmeln: «… denn Dein ist das Reich und die Kraft und die Herrlichkeit in Ewigkeit. Amen.»

Und während wir vor Angst gelähmt, Lieder summend, betend oder wimmernd an die Decke schauten, gab es da oben, direkt über uns, ein dumpfes Scheppern. Es war nicht einmal besonders laut, brachte aber die Mauern, die Decke, den Boden zum Vibrieren. Es war, als würde da ein sehr, sehr schwerer Schrank umkippen. Besonders beunruhigend im Vergleich zu den vorhergehenden Detonationen war, dass sich dieses Geräusch direkt über uns lokalisieren ließ.

Man musste kein Experte sein, für uns alle bestand kein Zweifel: Unser Haus war von einer Bombe getroffen worden. Wieder war es Hermann, der geistesgegenwärtig die Regie übernahm – und dabei ruhig und abgeklärt blieb, heute würde man das wohl cool nennen. «Uns hat wohl eine Bombe getroffen», sagte er, «setzt eure Gasmasken auf, wir laufen nach oben, mal sehen, was das Ding angerichtet hat …» Und dann, als die anderen zögerten: «Los Leute, lasst uns gehen, wird schon nicht so schlimm sein.»

«Ich kann nicht mehr», sagte der alte Mann, der vorhin so viel geredet hatte, mit klagender Stimme, «ich bin am Ende.»

Er griff sich an die Brust und blieb erschöpft sitzen. Die vier anderen Männer und ich folgten Hermann umgehend. Wir stürmten das unversehrte Treppenhaus hinauf bis zur vierten Etage. Hier schien alles noch in bester Ordnung zu sein. Wir liefen weiter bis zum Dachboden, rissen die Tür auf und ahnten da schon, dass es offenbar an verschiedenen Stellen brannte. Wir traten die hölzernen Zwischentüren auf – und dann sahen wir die Bescherung. Hermann wirkte immer noch entspannt. «Rums da fiel die Lampe um, und alles voll Petroleum!», näselte er kaum verständlich durch die Gasmaske einen damals populären Spruch.

Mir war überhaupt nicht zum Lachen zumute. Eine Sprengbombe hatte Teile des Dachs abgedeckt, wir blickten, die Sicht praktisch nur noch von einzelnen Balken und Querspanten versperrt, in den feuerroten Himmel über Hamburg. Zum Glück war es keine der schweren Luftminen gewesen, denn die hätte unser Haus wohl weggepustet. Durch das abgedeckte Dach aber war bereits mindestens eine dieser kleinen Phosphorbomben gefallen und hatte ihren selbstentflammenden Inhalt ausgespien. Es brannte lichterloh. Und die Flammen hatten leichtes Spiel. Das Gebälk aus Holz war nach Wochen der Sommerhitze knochentrocken, und außerdem lagen in den einzelnen

Dachbodenverschlägen Kohlevorräte für den Winter, obwohl die NS-Gauführung das streng untersagt hatte. Alles in allem eine ideale Nahrung für diese Stabbrandbombe.

«Wo sollen wir hier nur anfangen?», rief einer der Männer. Wir alle blickten auf Hermann. Und es ist mir heute noch ein Rätsel, was diesem 15-Jährigen diese Autorität verlieh, die erst den ganzen Keller und jetzt die vier Männer zu ihm aufblicken ließ. Er war der Einzige in unserer Gruppe, der so etwas wie einen Plan hatte, was in dieser Situation zu tun war.

Er riss die zum Löschen auf dem Dachboden bereitstehenden Geräte aus der Halterung und verteilte sie: «Hier sind Schaufeln, ihr sucht nach dem Brandherd, irgendwo muss dieses verdammte Ding doch liegen. Wir anderen nehmen die Feuerklatschen und bekämpfen die Brände.»

Zwei Männer stapften mit den Schaufeln los, wir anderen klatschten wie besessen gegen die Flammen an, so wie ich das bei der Post gelernt und im Kino gesehen hatte. Man muss sich das vorstellen: Wir tauchten an Besenstielen befestigte große Wischlappen, in Hamburg Feudel genannt, in die bereitstehenden Wassereimer und klatschten damit gegen ein an mehreren Stellen brennendes Holzgebälk an. Es war natürlich ein aussichtsloses Unterfangen. Es war so, als versuchte man, mit einer Gießkanne einen Waldbrand zu löschen.

Bald keuchten wir unter unseren Gasmasken vor Anstrengung. Die bereitstehenden sechs Eimer Wasser waren schnell verbraucht. Hermann gab mir zwei der Emaille-Eimer und sagte: «Geh in eine der Wohnungen und hol frisches Wasser.» Womit auch klar wurde, warum es so wichtig war, die Wohnungstüren unverschlossen zu lassen. «Mit den zwei Eimern die Treppen hoch, das wird aber schwer», wandte ich noch ein.

Etwa zur selben Zeit hatte einer der beiden Männer, die nach dem Brandherd suchten, unter dem noch intakten Teil des Daches beim Blick durch die Dachluke eine weitere, in der Dachrinne liegende Brandbombe entdeckt, die sich gerade fauchend entleerte. Er machte den verhängnisvollen Fehler, die Dachluke zu öffnen, um die Brandbombe mit der Schaufel aus der Rinne zu hebeln. Just als er die Luke öffnete, entstand ein Luftstrom, dessen Sauerstoff schnell dazu führte, dass an dieser Stelle des Daches ein schnell sich ausbreitender Flammenherd entstand.

Ich wollte gerade mit den beiden Emaille-Eimern losgehen, da passierte es! Eine der brennenden Holzwände zwischen den Verschlägen des Dachbodens stürzte krachend ein. Hermann sprang geistesgegenwärtig zur Seite, mir gelang das nicht; und dann lag ich unter brennenden Brettern. Ich geriet in Panik, schrie, schlug um mich, pinkelte mir sogar vor Schreck in die Hosen. Am Hals spürte ich etwas brennend Heißes auf der Haut. Eines der schwelenden Holzstücke, das mich traf, hatte das Gummi meiner Gasmaske zum Schmelzen gebracht. In Panik riss ich mir die Maske vom Gesicht – und muss durch die toxischen Gase augenblicklich in Ohnmacht gefallen sein. Hermann zog mich unter der eingestürzten Wand hervor. Ich hatte mir eine kleine Brandverletzung am Kinn zugezogen, dazu verklebte das flüssige Gummi meinen Hals, außerdem hatte ein Nagel an der Wand mein Uniformhemd am rechten Schulterblatt aufgerissen. Hermann trug mich die vier Stockwerke nach unten und legte mich auf eine Steintreppe im Parterre, wo ich wieder zu mir kam. Umgehend löste sich unser kleiner Hilfstrupp auf. Die Männer liefen mit uns ins Parterre, holten zunächst ihre Angehörigen aus dem Keller und verließen das Haus, in dem sich jetzt die Flammen ungehindert ausbreiteten.

Aus einer kleinen Wunde blutete ich, Hermann presste sein Taschentuch darauf, bis die Blutung aufhörte. «Da bist du ja wieder, Goschoi», sagte er sichtlich erleichtert und hielt mich in seinem Arm.

Ich lag zwischen den Flügeln einer großen Tür, hinter der sich das eigentliche Treppenhaus des Mietshauses mit seinen Holztreppen und dem Holzgeländer befand. Trepp-abwärts führten die steinernen Treppenstufen zur Eingangstür des Hauses, dahinter lag die Straße.

Sämtliche Bewohner hatten das Haus inzwischen verlassen. Wer konnte, hatte vorher eine Tasche aus der Wohnung geholt und sich dann erst mit den Angehörigen auf den Weg gemacht. Doch das war nur noch in den unteren Wohnungen möglich gewesen. Es schien, als hätte das Bombardement da draußen inzwischen aufgehört. Aber etwas Unheimliches schien sich da abzuspielen, etwas Infernalisches, das ahnten wir im relativen Schutz des Treppenhauses.

«Lass uns schnell unsere Taschen aus der Wohnung holen», schlug Hermann vor. Alles, was wichtig war, Papiere, Urkunden, etwas Geld, Wäsche, hatten wir in den Koffer und in die Reisetasche aus Kunstleder gepackt. Und Mutti hatte stets betont, wie wichtig diese «Nottaschen» waren. Wir versuchten, in unsere Wohnung zu gelangen. Doch wir schafften es gar nicht mehr in das zweite Obergeschoss. Treppen und Geländer brannten und ständig stürzten brennende Holzteile in den Lichtschacht des Treppenhauses hinab. Und von unten kommend konnten wir sehen, dass bereits brennende Trümmer unsere Wohnungstür verbarrikadierten, es gab kein Durchkommen mehr.

«Was wird Mutti dazu sagen?», fiel mir in diesem Moment ein. «Sie wird schimpfen, dass wir alles verloren haben», sagte ich wie zu mir selbst. Ich hatte immer noch nicht verstanden, dass es hier längst um unser nacktes Überleben ging. Der Blick durch die Treppenhaustür nach draußen auf das, was einst der Nagelsweg gewesen war, machte uns dann den Ernst der Lage deutlich. Leute eilten durch ein Flammenmeer von Haustür zu Haustür. Drei Frauen erreichten unseren Eingang, berichteten kurz, was los war: «In die Turnhalle Nagelsweg 71 bis 73 ist eine Sprengbombe eingeschlagen, viele Menschen darin sind verschüttet. Helfer versuchen, sie zu befreien …» Dann rannten die Frauen weiter. Das war vermutlich das sehr laute Krachen gewesen, welches wir noch im Schutz des Kellers vernommen hatten. «Diese Feiglinge», sagte Hermann. «Sie laufen einfach weg und überlassen die Menschen in der Turnhalle ihrem Schicksal.»

Vielleicht gefiel sich Hermann in seiner Rolle des Kümmerers. Vielleicht hatte er das Gefühl, sich in dieser Extremsituation beweisen zu müssen. Jedenfalls kam er auf eine verhängnisvolle Idee: «Goschoi, du bleibst hier liegen und ich hole inzwischen Tante Olga. Die braucht mich jetzt sicher. Dann schau ich schnell bei der Turnhalle vorbei, die Menschen dort brauchen auch Hilfe. Ich komme aber so schnell wie möglich wieder und dann hauen wir alle zusammen ab.»

Ich erschrak. «Nein, bleib hier. Das ist zu gefährlich, wir müssen zusammenbleiben», widersprach ich.

Es war reine Intuition. Wir hatten beide keine Ahnung, was auf Hamburgs Straßen in diesem Moment wirklich los war. Indessen sagte mir ein Blick in Hermanns Gesicht, dass er von seiner Idee nicht abzubringen war. Und Tante Olga wohnte ja wirklich nur ein paar Häuser weiter. Hermann glaubte, er könne da mal eben 80 Meter die Straße entlanglaufen – und dann zurückkommen, um mich abzuholen. «Ich bin gleich wieder da», rief er, sprang die steinernen Stufen hinab und verschwand in die von tausend Brandherden gleißend hell erleuchtete Nacht.

Jetzt lag ich allein in diesem Haus, das über mir brannte und allmählich einzustürzen begann. Im Treppenhaus hinter der Flügeltür krachten und polterten Teile des Geländers in den Treppenschacht. Sie trugen das Feuer von oben nach unten. Und dann wurde tatsächlich die Außentür aufgerissen. Ich schöpfte Hoffnung, kam Hermann endlich zurück? Herein stürzten schwer atmend zwei Frauen. Sie waren mit Brandwunden übersät, ihre Kleider zerrissen und versengt. «Gib uns Wasser», riefen sie. «Hörst du nicht? WASSER!!!»

Obwohl es sehr gefährlich war, hinter die Flügeltür zu gehen, ging ich ins Treppenhaus und schaffte es tatsächlich in die Parterrewohnung von Mutters Freundin Bringfriede Stoll, die Hermann geistesgegenwärtig nach dem ersten Voralarm aufgesperrt hatte. Ich fand auch einen Eimer und ließ in der Küchenspüle Wasser hineinlaufen. Es floss, bis der Emaille-Eimer etwa zur Hälfte gefüllt war. Dann machte der Wasserhahn plötzlich ein Geräusch, das an ein lautes Rülpsen erinnerte, begleitet von einem letzten Schuss Wasser. Danach entfuhr der Leitung nur noch ein hohl klingendes, tiefes Röhren, kein Tropfen kam mehr heraus. Die Frauen tranken wie besessen und kühlten ihre Wunden. «Habt ihr meinen Bruder gesehen? Er ist 15, heißt Hermann und hat eine HJ-Uniform an», fragte ich fast bettelnd. Doch sie wirkten wie abwesend, liefen wie durch mich hindurch hinaus und zurück in diese Hamburger Nacht, in der sich längst ein glühend heißer Orkan austobte, der in die Geschichte als Feuersturm einging.

Ich sah durch die verglaste Eingangstür auf der Straße Menschen vorbeilaufen, die stolperten, stürzten, sich krümmten und liegen blieben. Die Nacht war taghell, doch es war keine freundliche, heitere Helligkeit, sondern eine tödliche. Was hätte ich dafür gegeben, im Eingangsbereich dieses Hauses zu bleiben, um nur nicht in diese Nacht hinauszumüssen! Ich zögerte, ich wartete eine weitere halbe Stunde vergeblich auf Hermanns Rückkehr. Als eines der benachbarten Häuser mit einem lauten Krachen einstürzte, wurde mir klar, dass es höchste Zeit war, diesen Ort zu verlassen, denn hier erwartete mich der sichere Tod. «Ich muss hier raus, ich muss hier raus, ich muss hier raus», sagte ich leise vor mich hin. Doch es dauerte, bis ich mich endlich aufraffte.

Habe ich in dieser Nacht wirklich etwas gedacht, falls man darunter das rationale Abwägen von Risiken oder das analytische Ausloten von Alternativen versteht? Nein, ich handelte instinktiv wie ein Tier. Auf das nackte Überleben zielende Reflexe übernahmen die Regie und führten mich glücklich und unbeschadet durch den heißen Orkan, der im Hamburger Osten tobte. Lärm lag in der Luft, jenes schrille Heulen, von dem ich später einmal las, es habe wie von Hunderten von Orgelpfeifen hervorgerufen geklungen. Ich glaube, diese Beschreibung kommt meinem Erlebten nahe.

Ich war nur wenige Schritte gelaufen, als ich über eine verkohlte Leiche stolperte. Ich fiel kurz hin und raffte mich wieder auf. Weiter lief ich, nur weg, weg, weg. Ich hatte keine Idee, wohin. Irgendwann fiel mir der Hauptbahnhof ein, der etwas nordwestlich lag. Und das war der Weg gegen die Richtung, in welche dieser Heißluftorkan tobte. Bomben fielen schon lange nicht mehr. Irgendwo heulten Sirenen, kündigten wohl Entwarnung an. Entwarnung von was? Für uns, die Überlebenden, gab es keine Entwarnung, überall war Feuer.

Ich rannte durch die brüllende Hitze. Gegenstände flogen umher, das konnten ein Stück Stoff oder das Blechdach einer Remise sein. Ein altes Mütterchen taumelte heran, hakte sich bei mir unter, zusammen liefen wir gegen den Feuersturm an. War sie wirklich so alt, wie sie mir in der Rückschau erscheint, oder war es eine junge Frau, vom Schicksal gezeichnet? Zusammen liefen wir durch die Straßen. Manchmal konnten wir in dieser heißen Luft nicht mehr atmen, dann legten wir uns auf die Straße, nur in den Ritzen des Kopfsteinpflasters ließ sich «kühlere» Luft aufsaugen. Wo die Straßen asphaltiert waren, blieben Menschen im flüssig gewordenen Belag stecken und starben jämmerlich.

Wir hatten damals natürlich keine Ahnung, was es mit diesem Phänomen des Hamburger «Feuersturms» auf sich hatte, der spätestens seit 1.20 Uhr durch die verwundete Stadt fauchte. Inzwischen wurde vielfach beschrieben, dass es aufgrund der Wetterlage zu einer außergewöhnlichen Luftschichtung gekommen war. Dass heiße Luft am Boden zusammen mit der kalten Luft in höheren Schichten der Atmosphäre einen drei Kilometer breiten Luftschlot über dem Hamburger Osten entstehen ließen. Es bildete sich ein «Kamineffekt», so hat man inzwischen herausgefunden, Luft wurde bis in 8000 Meter Höhe katapultiert, am Boden entstand ein Sog, der mit bis zu 270 Stundenkilometern durch den Osten rauschte und im Übrigen die Ursache für jenen infernalischen Heulton war, der an Kirchenorgeln erinnerte. Ich glaube nicht an Vorsehung, aber für Tausende Hamburger wurde dieses Heulen zu einem Requiem, wie man es schauerlicher nicht komponieren kann.

Mir schien es damals, als würden die Elemente brennen: Erde, Wasser, Luft. Heute weiß man, dass der Begriff «Feuersturm» wohl auf einer Formulierung des damals Dienst habenden Führers in der Luftschutzleitung fußt, der ihn 2.25 Uhr in seine Kladde eingetragen hatte. Das Zentrum dieses «Kamins», dessen Unterdruck am Boden die heiße Luft kilometerweit in Richtung Troposphäre katapultierte, lag damals in einem Umkreis von 500 Metern im Bereich Ausschläger Weg / Eiffestraße. Unser Nagelsweg befand sich am Rand dieser Todeszone. Einer glücklichen Eingebung folgend bewegte ich mich damals weg von diesem Kamin in Richtung Alster, dann in Richtung Westen. Hätte ich mich mit dem Mütterlein in Richtung Osten geschleppt, wären wir Gefahr gelaufen, von dem Feuersturm, in dessen Zentrum Temperaturen von bis zu 1000 Grad herrschten, mitgerissen zu werden. Nach etwa 300 Metern im Zeitlupentempo erreichten wir die S-Bahn-Unterführung im nördlichen Teil des Nagelswegs, durch die die Züge, damals auch Fernbahnen, in Richtung Berlin fuhren. Hier hielten sich Hunderte Menschen auf, einige von ihnen nur noch spärlich bekleidet und übersät mit Brandwunden oder eines Teils der Haare beraubt. Nach einer Weile kam ein NS-Funktionär in brauner Uniform und schrie: «Alle in die Schule Norderstraße! Da seid ihr sicher.»

Das damalige Gebäude der Volksschule in der Norderstraße, eine Mädchen- und Knabenschule, in der schon meine Mutter ihre Schulzeit verbracht hatte, existiert heute noch und beherbergt die Brecht-Schule, einen großen Komplex diverser Bildungseinrichtungen. Sie ist nicht zerstört worden, so wie viele behördliche Gebäude damals das Bombardement überstanden haben. Ich erreichte die Schule, die hinter einem Bahndamm lag. Rotkreuzschwestern in Uniform wuselten zwischen den Eintreffenden umher. Die Menschen wurden in den Klassenzimmern untergebracht, bekamen etwas zu trinken und sahen aus den Fenstern apathisch zu, wie unsere Wohnungen, wie ganze Stadtteile, wie Hammerbrook, Rothenburgsort, Hohenfelde, Hamm, Billbrook allmählich verloschen. Der Angriff an diesem dritten Tag der «Operation Gomorrha» galt einem Gebiet, in dem zuvor 500 000 der vormals 1,5 Millionen Einwohner Hamburgs gelebt haben. 30 000 Menschen verloren allein in dieser Nacht ihr Leben, so schätzt man heute. Seine verheerendste Wirkung erreichte der Feuersturm zwischen 3 Uhr und 3.30 Uhr. Da saß ich bereits auf dem Fußboden eines Klassenzimmers in der zweiten Etage der Schule. Um mich herum saßen und lagen alte und junge Menschen, die meisten davon Frauen mit ihren Kindern, die sich im letzten Moment hatten retten können.

Ich hatte die Hoffnung, meinen Bruder wiederzufinden, noch nicht aufgegeben und begann damit, in der Schule nach ihm zu suchen. Also ging ich zunächst im Erd-

geschoss von Zimmer zu Zimmer, von denen einige ver-
schlossen waren. Dann rannte ich in die nächste Etage.
Eine unerklärliche Rastlosigkeit trieb mich an. Obwohl
ich eigentlich hätte todmüde sein müssen. Ich sah überall verzweifelte Menschen. Manche weinten leise, andere
schauten stumpfsinnig vor sich hin. Kinder mit verwein-
ten Gesichtern wimmerten kraftlos, kaum jemand konnte
schlafen. Ich rannte wie ferngesteuert in der ganzen Schule umher, schaute in viele Gesichter und sah doch keins
davon wirklich an.

Ich bekam Durst und ging in eine Toilette. Da lief, wenn
auch nur spärlich, Wasser ins Waschbecken. Schnell trank
ich davon und suchte dann in der dritten Etage weiter.
Hunger verspürte ich die ganze Nacht hindurch nicht. Ich
hatte schlicht vergessen, dass ein Mensch auch essen muss.

Neben mir unterhielten sich zwei Frauen. «Weißt du, wo
das Fräulein Sanders ist, wo hat man sie zuletzt gesehen?»,
fragte die eine.

Ein kleiner Junge weinte neben seiner Mutter, die ihn
in den Arm nahm und beruhigend auf ihn einsprach. Irgendwann konnte ich das Klagen und Stöhnen nicht mehr
ertragen und setzte mich im Treppenhaus auf die Stufen.
Zwei Uniformierte stiefelten an mir vorüber. «Überall da
draußen liegen diese sechskantigen Scheißdinger herum.
Die brennen wie Zunder», hörte ich einen der beiden im
Vorbeigehen sagen.

Natürlich ging es um die Stabbrandbomben. Wenn es
denn nur diese wären, dachte ich verzweifelt! «Ist ja auch
‹Wurst wie Käse›», murmelte ich leise. «Ich gehe gleich
morgen früh zu unserem Haus, irgendwo muss doch
Hermann sein», sprach ich vor mich hin. Die Zerstörung

des Stadtteils, in dem ich gelebt hatte, des ehemals «roten Ostens», der elterlichen Wohnung – all das beschäftigte mich in dieser Nacht überhaupt nicht. Ich dachte nur an Hermann. Und ja, ich hatte damals wirklich noch die Hoffnung, ihn wiederzusehen. Ich dachte, er wird wohl zurückgekommen sein, aber ich Dussel habe nicht auf ihn gewartet. Er wird vermutlich mit mir schimpfen, aber was macht das schon aus. Damals ging ich fest davon aus, dass er mir in den nächsten Tagen über den Weg laufen würde. Und ich würde dann von ihm erfahren, ob er Tante Olga angetroffen hatte.

Doch je deutlicher sich das Ausmaß dessen abzeichnete, was Hamburg in dieser Nacht widerfahren war, je mehr Tote und je mehr Verwüstung ich sah, desto öfter schlich sich der grausame Gedanke bei mir ein, dass ich Hermann unter Umständen nie wiedersehen würde. Ich legte mich auf den Treppenabsatz, aber an Schlaf war natürlich nicht zu denken. Die Nacht zog sich hin. Ich zog eine erste Bilanz meines noch jungen Lebens: Ich war 14 Jahre, ich lebte, ich trug die verstaubte, an einigen Stellen angesengte HJ-Uniform mit der schwarzen Skihose. Mir gehörte eine Volksgasmaske, deren Gummiüberzug für den Kopf Brandspuren hatte. Ich hatte kein Zuhause mehr. Und ich war allein.

Tage, an denen es dunkel blieb

«Ja soll ich dir das Fressen in die bloße Hand schütten? Hol dir einen Topf ...»

Ein Helfer an der
Essenvergabestelle Moorweide

Nicht nur die Elemente schienen in Auflösung begriffen, auch die vertraute Abfolge von Tag und Nacht. Nach einer aus Tausenden Brandherden gespenstisch erleuchteten Nacht wollte die Sonne am Morgen des 28. Juli nicht aufgehen. Hamburg blieb in dichte Wolken gehüllt. Rauchschwaden verdunkelten den Tag. Die Sommersonne hatte keine Chance durchzudringen. Es war wohl gegen 6 Uhr, als mich nichts mehr in der Schule hielt, in der ich nur wenige Stunden ausgeharrt hatte. Es zog mich wieder nach draußen in diese Stadt in ihrem Todeskampf. Viele Menschen waren auf den Beinen. Die meisten wollten einfach nur weg: 900 000 Menschen verließen in den folgenden 48 Stunden die Hansestadt. Sie zogen zu Verwandten aufs Land, ins Umland, nach Dithmarschen, nach Holstein oder Mecklenburg.

Ich aber blieb. Wie in Trance, übernächtigt, am Ende meiner Kräfte und dennoch mechanisch in Bewegung wie eine aufgezogene Blechfigur, trabte ich durch die dämmerigen Straßen Hammerbrooks. Hin und wieder sah ich Leichen, vor allem Frauen und Kinder, die Männer waren ja meistens an der Front. Ich sah einen Toten, der sah männlich und erwachsen aus, ich drehte ihn um. Ich war abgestumpft, Berührungsängste kannte ich nicht.

Es war nicht Hermann. Von Grauen geschüttelt, ging ich weiter. Wieder sah ich zwei Tote, es waren Kinder. Oder auf Kindergröße geschrumpfte Erwachsene. Im Nagelsweg, ungefähr auf der Höhe, wo sich möglicherweise Tante Olgas Gemüsegeschäft befunden haben könnte – in Wahrheit sah nichts mehr aus wie zuvor –, ragten aus einem Haufen Ziegelsteine zwei unbekleidete Beine heraus. Ich zog daran. Zum Vorschein kam ein halbverkohlter Mann. «Hermann!», schrie ich und sah mir die Leiche genau an. Es gab nichts zu identifizieren, es gab nur ein verkohltes Etwas in einer mantelartigen Bekleidung. Und ich ahnte, das konnte nicht mein Bruder sein.

Da plötzlich riss mich eine Hand herum, die meine Schulter von hinten packte. Vor mir stand ein Feldwebel in Wehrmachtsuniform, eine Pistole in der Hand, er wirkte entschlossen. Offensichtlich leitete er einen Bergungstrupp. Fünf Soldaten waren bei ihm. Er brüllte mich an: «Was machst du hier, Leichenfledderer! Dafür lass ich dich erschießen …» Er wurde aber augenblicklich milder gestimmt, als er in mein offenbar apathisches Gesicht sah, zudem meine angesengte und teils eingerissene HJ-Uniform musterte.

«Dann erschieß mich doch, los, mach schon …», brüllte ich zurück. Und hätte in diesem Moment wirklich alles dafür gegeben, aus diesem irdischen Jammertal zu verschwinden. Dann fing ich an zu weinen: «Ich finde Hermann ja doch nicht!» Es brach einfach aus mir heraus, ich heulte und konnte damit gar nicht aufhören. Die Entschiedenheit von eben wich augenblicklich aus der Stimme des Soldaten. «Junge, das wird schon», sagte er milde zu mir.

Und dann fragte er: «Willst du uns nicht beim Aufräumen helfen? Wir brauchen jede Unterstützung.» Was für eine Frage, natürlich wollte ich nicht. Ich war gar nicht imstande, einen klaren Gedanken zu fassen, ich weinte immer noch und musste mich auf einen Mauerrest setzen. «Ist schon gut, hau ab», sagte er, «wenn dein Hermann gefunden wird, bekommst du Bescheid.»

Das sagte er so dahin. Wer würde meinen Bruder schon erkennen? Und falls er wirklich auftauchte, wie sollte man mich dann ausfindig machen? Ich lief weg. Ohne Plan. Nur laufen, laufen, laufen, dachte ich. Bleiben hieß aufgeben.

In vielen Straßen des Hamburger Ostens war kein Durchkommen mehr, weil Steine und Geröll den Weg versperrten. Außerdem war es auch gefährlich, ich wurde Augenzeuge, wie in etwa 50 Meter Entfernung am Nagelsweg eine Häuserwand krachend zusammenstürzte. Hier und da lagen weitere verkohlte Leichen, die grausamen Bilder brannten sich in mein Hirn ein, ohne dass sie mich damals wirklich entsetzten. Aber sie blieben in mir, wie archiviert. Und sie entfalteten ihre wahre Wirkung später, bis heute.

Über Trümmerberge erreichte ich schließlich unser Haus. Oder besser das, was ich dafür hielt. Denn nichts sah so aus wie vorher. Einzig das Viadukt der Hochbahn erkannte ich. Ein toter Soldat lag da. Unser Haus war von den Nachbarhäusern nicht mehr zu unterscheiden, die ganze Häuserzeile existierte nicht mehr. Alles bestand aus einem einzigen Schuttgebirge. Spätestens jetzt wurde mir klar, dass ich in der Bombennacht die einzig richtige Entscheidung getroffen hatte, indem ich das Foyer des Hauses so bald wie möglich verlassen hatte. Hier hätte ich nicht überlebt. Zufällig gibt es heute ein Foto, das den Bereich der Hammerbrookstraße mit den dahinter liegenden Häuserruinen zeigt, mit unserem Wohnhaus dahinter. Das Viadukt der Hochbahn am Nagelsweg ist auf dem Bild eingestürzt, das Gleisbett gleicht einer Hängebrücke. In meiner Erinnerung war die Hochbahnbrücke an jenem 28. Juli aber noch intakt. Entweder wurde sie an einem der folgenden Tage bombardiert oder sie war bereits getroffen und stürzte später ein.

Zu den begehrtesten Gütern, die sich in den Trümmern finden ließen, gehörten Glasflaschen. Lagen sie noch an der Oberfläche der Ruine, waren sie zumeist heil. Ich nahm ein schönes Exemplar mit Bügelverschluss, kletterte über Steingebirge hinweg und fand den Weg zu einem der Fleete, jener Kanäle in Hamburg, die die Tide regulieren, Ebbe und Flut also. Im trüben Wasser des Kanals spülte ich die Flasche aus, so gut es ging. Richtig sauber wurde sie nicht. Dann füllte ich sie mit Fleetwasser, das ich aber nicht trank, denn es stank und war schmutzig. Zudem war es durch auslaufendes Öl verschmutzt worden. Viele Menschen waren in den Fleeten verbrannt oder ertrunken. Dennoch benutzte ich das Wasser, um mich äußerlich zu reinigen und etwas zu erfrischen. Denn es blieb die kommenden Tage heiß, nicht nur der vielen Feuer, auch des Wetters wegen.

Ein älterer Herr fasste mich am Arm. «Junge, du kannst hier nicht weitergehen, das ist viel zu gefährlich», sagte er. Und fragte streng: «Was willst du eigentlich hier?»

Er trug eine Prinz-Heinrich-Mütze, eine zivile Jacke und

jene hellblaue Armbinde, die ich schon an anderer Stelle beschrieben habe und die ihn als Luftschutzwart auswies.

Ich fragte patzig zurück: «Und Sie? Was wollen Sie hier? Sie wohnen natürlich hier, oder?»

«Nö, ich komme aus Volksdorf, du kennst doch den Wald dort, nä? Dahinten steht mein Fahrrad, mit dem bin ich hergefahren», sagte er, zeigte dabei auf ein an eine Mauer gelehntes Zweirad.

«Und was wollen Sie dann hier», fragte ich ihn nochmals, «nur mal so glotzen, oder?»

Viele Hamburger aus den weitgehend verschont gebliebenen Stadtteilen im Westen hatten sich in jenen Tagen auf den Weg in den zerstörten Osten gemacht. So wie wir uns in den ersten Tagen der Bombardierung aufgemacht hatten, die Zerstörungen im Westen Hamburgs zu bestaunen. Teils getrieben von Neugierde, teils hoffend, in den Trümmern etwas Nützliches zu finden. Man erkannte die «Katastrophen-Touristen» stets am Fahrrad, denn die Menschen in Hammerbrook und Hamm hatten am Tag nach der Zerstörung ihrer Stadtteile keine Fahrräder mehr. Der Mann zeigte auf eine große Ruine, die ich als das ehemalige Verwaltungsgebäude des Glühlampenwerks Osram wiedererkannte. «Da arbeite ich als Pförtner», sagte er. «Oder besser, das war einmal die Fabrik, in der ich Pförtner war. Steht ja kein Stein mehr auf dem anderen.»

Die Verwaltungsgebäude zweier anderer Fabriken in unserer Straße, der Maizena-Werke, bekannt für die Produkte Mondamin und Weizenin, waren dagegen verschont geblieben, ebenso wie das Kontorhaus Leder-Schüler am Heidenkampsweg, das noch heute steht.

Ich riss mich von seinem Zugriff los. Kopfschüttelnd ließ

mich der Pförtner ohne Firma laufen, rief mir noch hinterher: «Pass auf dich auf, Junge …»

Ich lief durch die toten Straßen unserer Gegend. Hier lagen nicht mehr so viele Tote, denn wir wohnten im Norden
des betroffenen Stadtteils, und von hier aus hatten sich
mehr Menschen retten können. Anders war es allerdings
den Menschen im östlichen Stadtteil Hamm, im südliche-
ren Hammerbrook mit seinen vielen kleinen Seitenstraßen
und in Rothenburgsort ergangen, wo sich das Zentrum des
Feuersturms befunden hatte. Hier gab es kaum ein Entrinnen und die größte Zahl an Opfern.

Wie schon in der Nacht zuvor zog es mich in Richtung
Hauptbahnhof, in seinem Umkreis gab es noch viele un-
zerstörte Gebäude. Auch hatte ich das Gefühl, falls mir
jemand helfen könnte, dann am Bahnhof, dem Verkehrsknotenpunkt einer jeden Stadt.

Am Lindenplatz in St. Georg stand ein Polizist in Uniform. «Wo gibt es was zu essen?», fragte ich ihn. Denn jetzt
spürte ich erstmals Hunger, und zwar Heißhunger, der
schon weh tat. Er zuckte mit den Schultern, murmelte etwas, das ich nicht verstand, und wendete sich von mir ab.
Ich fand sein Verhalten seltsam, erfuhr aber später, dass in
diesen Tagen Hilfskräfte und Polizisten aus allen Teilen des
Reiches nach Hamburg gebracht wurden – auch aus dem
Protektorat, also dem besetzten Tschechien. Ihre Aufgabe
bestand vor allem darin, Plünderungen zu verhindern und
als Ordnungsmacht auch in dieser chaotischen Situation
Flagge zu zeigen. Der Polizist hatte schlicht nicht verstanden, was ich ihn gefragt hatte.

«Geh zur Moorweide, da wird Essen verteilt», riefen
mir Passanten zu. Und tatsächlich war dort, wohin ich als

Kind meine Eltern zur Demonstration am 1. Mai begleitet hatte, um den Reden der kommunistischen Führer Ernst Thälmann und Etkar André zu lauschen, eine Art Versorgungsstation aufgebaut worden. Hamburgs Gau-Führung gerierte sich freigiebig. Heute weiß ich, dass zwei große Vorratsdepots die Bombardements unversehrt überstanden hatten. Eine halbe Million Brote, 16 000 Liter Milch, Butter aus Fässern und sogar Bohnenkaffee wurde an die Überlebenden verteilt.

Ich stellte mich an. «Ja soll ich dir das Fressen in die bloße Hand schütten? Hol dir einen Topf ...», kläffte mich ein offenbar überforderter Helfer an.

Ich zeigte auf meine Glasflasche, die ich in den Ruinen gefunden hatte, doch der Mann winkte ab. «Einen Topf habe ich gesagt, keine Flasche. Sonst verschütten wir ja alles beim Abfüllen.»

Also zog ich wieder ab, auf der Suche nach einem Gefäß. Und ich sah, dass sich viele ordentlich gekleidete Menschen mit Gefäßen anstellten und sich reichlich Essen geben ließen. Mir war sofort klar, dass die nicht aus Hammerbrook oder Rothenburgsort stammen konnten, sondern aus dem bürgerlichen Hamburger Westen kamen. Sie standen da in ihrer tadellosen Kleidung und hatten sogar verschließbare Töpfe oder Milchkannen mitgebracht, die jetzt gefüllt wurden. Es war warm, Butter und Milch drohten zu verderben, also wurde gar nicht erst gefragt, wer wo seine Wohnung hatte. Wir Ausgebombten sahen abgerissen aus und hatten natürlich keine Gefäße. Eine Rotkreuzschwester gab mir schließlich einen dickwandigen, etwa 15 Zentimeter hohen Porzellanbecher, ein Werbeartikel des Winterhilfswerks der NSDAP. An der Seite stand in goldenen Lettern: WHW, an der anderen Seite war ein Henkelgriff angebracht. Sie füllte den Becher mit Milch, dazu gab sie mir Brot und in Zeitungspapier gewickelte Butter. Ich lutschte die Butter und aß das Brot dazu. Ich hatte gut 24 Stunden lang vergessen zu essen und war am Ende meiner Kräfte. Beim Anblick der Essensausgabe hatte sich der Hunger, den ich seit Stunden ignorierte, mit Macht gemeldet und sich in einen quälenden Schmerz verwandelt. Es war wie der verzweifelte Schrei meines Körpers nach Leben.

Dermaßen gestärkt bewegte ich mich wieder in Richtung Hamburger Osten, weil ich nur mit dieser Region die Hoffnung verband, auf Hermann zu stoßen. Ich streifte ziellos durch die Trümmer. In einer Hausruine zerrte ich eine Wolldecke aus dem Schuttberg, in die wickelte ich mich ein und schlief die Nacht vom 28. auf den 29. Juli auf der Straße. Mir war es egal, ob es wieder Bombenalarm geben würde; glücklicherweise gab es aber keinen. Die Nacht war mild. Am Morgen erwachte ich mit Rückenschmerzen vom Liegen auf der nackten Erde.

Ich hatte das dringende Bedürfnis, mich zu waschen. Ich war nicht mehr gewillt, mich gehenzulassen, mich aufzugeben. Vielmehr begann ich allmählich, mich in dieser schrecklichen, aussichtslosen Situation einzurichten, so gut es eben ging. Schmutziger als ich damals konnte ein Mensch nicht sein: Ich hatte mir beim Einsturz der brennenden Holzwand im Dachgeschoss in die Hosen genässt, ich war eine ganze Nacht lang durch Feuer, Rauch, Schutt und Asche mal gerannt, mal gekrochen. Ich war rußgeschwärzt, mit Asche bestäubt, ich hatte gefroren, hatte geschwitzt – wegen der Hitze und in Todesangst. Doch wo konnte man sich in dieser zerbombten Stadt waschen, zumal ohne Wohnung? Die Hallenbäder am Heidenkampsweg und am Lübecker Tor waren zerstört. Da, wo sie einst waren, befindet sich heute die Alsterschwimmhalle. In der Steinstraße gab es eine bekannte Waschanstalt mit einem riesigen Schornstein, die war sogar heil geblieben. In der ovalen Badeeinrichtung gab es Kabinen mit Badewannen und fließendem kalten und sogar warmen Wasser. Doch ich hatte kein Geld und zog wieder ab. Der Hunger meldete sich zurück. Wieder lief ich in Richtung Moorweide, wo am Vortag das Essen verteilt worden war. Mein einziger Besitz war der Becher des Winterhilfswerks, die HJ-Uniform, die ich auf dem Leib trug, und die blöde, versengte Gasmaske, die ich immer noch mit mir herumtrug – warum auch immer.

Die Butterfässer waren weggeräumt, die Butter war schnell verteilt worden. Eine mitleidige Frau schenkte mir eines der damals üblichen Einkaufsnetze. Dahinein legte ich das Brot, das man mir gab, und ein großes Stück haltbare Mettwurst. In der Hand den mit Milch gefüllten Becher, setzte ich mich auf eine Parkbank in der Nähe des Mittelwegs, einer der größeren Straßen dort. Da saß schon ein Junge, etwa einen Kopf größer als ich und vermutlich in Hermanns Alter, also etwa 16, und trank ebenfalls seine Milch. «Meine Eltern sind tot, unser Haus ist zerstört», erzählte er mir.

Ich schilderte ihm mein Schicksal, dann schwiegen wir uns minutenlang an. Nachdem wir unsere Becher hatten nachfüllen lassen, nahmen wir das Gespräch wieder auf. Und als «Straßenkinder», die wir ja nun waren, tauschten wir unsere neuen Erfahrungen aus.

«Was machst du eigentlich, wenn du mal auf Toilette musst?», fragte er mich.

«Dann gehe ich in die Trümmer, aber man kann von Glück sagen, wenn man ein Stück Zeitung findet», antwortete ich.

«Pinkeln geht ja, es gibt ja noch einige Pinkelbuden für Männer, mein Vater nannte die immer ‹Café Wellblech›. Gegenüber vom Museum für Kunst und Gewerbe am Steintorplatz steht auf der Wiese noch so ein Ding», berichtete er. «Und für das ‹große Geschäft› gehe ich immer in den Klosettkeller gegenüber vom Kaufhaus Karstadt in der Mönckebergstraße. Auf der einen Seite gehen die Männer und auf der anderen Seite die Frauen hinunter. Da gibt es getrennte kleine Toilettenverschläge und Papier ist meistens auch da. Zum Waschen gibt es einen Wasserhahn mit einem Waschbecken davor.»

Ich fragte skeptisch: «Muss man da nicht einen Groschen zum Öffnen einwerfen? Ich habe nicht mal einen Pfennig …»

Auch da wusste er Rat. «Du hast recht, aber an zwei dieser Kabinen steht geschrieben: ‹Nur für Minderbemittelte.› Und das sind wir denn doch, nä? Da gehe ich jetzt gleich hin, und vielleicht sehen wir uns ja morgen wieder beim Milchtrinken. Tschüs auch.»

Und weg war mein neuer Freund.

Erstmals wieder annähernd satt und sogar etwas erleichtert trottete ich in Richtung Hammerbrook und fand dort, 200 Meter Luftlinie von unserer ehemaligen Wohnung entfernt in der Albertstraße, einen Ruinenkeller, der vorübergehend mein neues Heim wurde. Ich suchte die gefühlte Nähe zu meiner vertrauten Umgebung, zu Hermann, zu Tante Olga, von der es ebenfalls keine Spur gab. Ich erforschte die Umgebung dieser fast verwaisten Straße. Und fühlte mich wie der einzige Überlebende nach dem Untergang der Welt. Unsere Straße, der Nagelsweg, war fast komplett zerstört, hatte ich herausgefunden. Unzerstört geblieben waren das Polizeigebäude in Nummer 8, ein Wohnhaus mit der Nummer 69 und das dahinterliegende Haus in der Gustavstraße 4. Dass es noch stand, war wohl den diensthabenden Feuerwachen zu verdanken.

In ganz Hamburg waren im Übrigen wie durch ein Wunder auffallend viele behördliche Gebäude intakt geblieben – Telegraphenämter, Polizeidienststellen und Schulen. Diese Tatsache gab damals zu wilden Gerüchten Anlass. So behaupteten Menschen, es hätte «Absprachen» zwischen den Nazis und den Alliierten gegeben. Wie anders war es sonst zu erklären, dass Wohnhäuser zerstört, behördliche Gebäude aber verschont geblieben waren? Natürlich war das Unsinn, denn gezielte Bombenabwürfe auf einzelne Gebäude aus 4000 bis 8000 Meter Höhe waren damals technisch nicht realisierbar. Die Erklärung, warum Dienstgebäude den Bomben eher standhielten, ist aus heutiger Sicht einfach: Für den Bau der Decken behördlicher Gebäude war stets Stahlbeton verwendet worden. Und der widerstand den Sprengbomben besser. Die in einer weiteren Welle abgeworfenen Brandbomben konnten so nicht ins Gebäudeinnere eindringen, so die Erklärung des Hamburger Stadtteilhistorikers Wolfgang Zimmermann. Außerdem hatten viele Behörden und Ämter eigene Brandbekämpfungsgruppen in Bereitschaft versetzt, dazu war ich bei der Post ja auch mehrfach abkommandiert worden. So kam es, dass viele Ämter nicht zerstört worden waren.

Oft sah man in halbzerfallenen Häusern hinter der eingestürzten Außenwand ganze Wohnungseinrichtungen oder Sanitäranlagen, als hätten die Einwohner mal eben den Tisch verlassen. Das weckte natürlich Begehrlichkeiten und lud zum Stehlen ein, schließlich hatten viele Hamburger alles verloren. Noch während der Bombenangriffe wurden in Hamburg daher etwa 30 mal 40 Zentimeter große Plakate an den Häusern angebracht, auf denen in drei Sprachen, neben Deutsch für «Fremdarbeiter» auch auf Französisch und Niederländisch, vor Diebstählen gewarnt wurde. Da las man dann Folgendes: «Wer plündert oder stiehlt wird erschossen. Pilleurs et Voleurs seront fusilé. Plunderaars en Dieven worden doodgeschoten.»

Tatsächlich wurden viele Todesurteile vollstreckt, noch heute nachzulesen in den Gerichtsakten oder in alten Ausgaben des «Hamburger Fremdenblattes», der damals gleichgeschalteten «Hamburger Zeitung»: «4. September 1943. Todesstrafe gegen H. Beyer und E. Dombrowski wegen Plünderei in bombengeschädigten Häusern.» Oder: «23. 10. 1943. Ebenfalls, für diese Delikte. Todesstrafe gegen H. Kroß.»

Auch wurde an die Ruinen mit Kreide geschrieben, dass Angehörige und ehemalige Hausbewohner noch lebten und wo man sich gerade aufhielt. Ich legte mich in meinen Ruinenkeller zum Schlafen hin. Ungemütlich war es, aber immerhin im Falle einsetzenden Regens trocken, denn es gab da so etwas wie ein Dach. Ich deckte mich mit meiner neuen Wolldecke zu, die nicht im besten Zustand war, und nahm mir vor, am kommenden Tag mein Postamt zu besuchen. Ich fiel in einen kurzen Schlaf. Und wurde mitten in der Nacht unsanft geweckt, weil die Flak mal wieder zu schießen begann. Intakte Sirenen gab es hier in Hammerbrook offensichtlich nicht mehr. Sie kommen also schon wieder, fluchte ich. Irgendwo Schutz suchen konnte ich nicht, also kauerte ich mich in eine Ecke und wartete ab, was geschehen würde. Ich war allein, nur ein paar Ratten huschten umher.

Es folgte der dritte Großangriff, es war die Nacht vom 29. auf den 30. Juli. 726 britische Maschinen waren im Anflug, kurz vor Mitternacht fielen die ersten Bomben. Dieses Mal traf es Barmbek, Winterhude und Wandsbek, also Gebiete etwas nördlich von uns, mit ähnlicher Wucht wie beim vorhergehenden Angriff. 80 Prozent der Gebäude wurden allein in Barmbek zerstört, doch wie durch ein Wunder kamen wesentlich weniger Menschen ums Leben.

So makaber es klingen mag, aber die Hamburger lernten ein Stück weit, mit dieser todbringenden Gefahr von oben umzugehen. Weil mit weiteren Angriffen gerechnet worden war – auch ahnte man, dass es jetzt den Nordosten treffen würde –, hatten sich im Laufe des Tages 120 000 Menschen kurzentschlossen in Richtung Volksdorfer Wald und Stadtpark auf den Weg gemacht, gerade noch rechtzeitig vor Beginn des Bombardements. Das Gerücht, Barmbek sei als Nächstes dran, hatte die Runde gemacht.

Und so kam es ja auch tatsächlich. Die Menschen nächtigten im Freien und wurden so aus der Distanz zu Augenzeugen, wie ihre historisch gewachsenen Stadtteile mit ihrer einzigartigen historischen Bausubstanz zerbombt wurden.

Aber die Vorsichtsmaßnahme machte sich bezahlt, weniger Menschen als zuvor fielen in dieser Nacht den Bomben zum Opfer. Einige Quellen sprechen von etwa 1000 Toten, andere von knapp unter 10 000.

Vor allem eine Tragödie aus dieser Nacht grub sich tief

in das Gedächtnis der Hamburger ein. In Barmbek war die Hamburger Straße eine beliebte und belebte Einkaufsmeile. Viele bekannte Firmen hatten hier ihre Läden, gemütliche Restaurants und Eiscafés luden zum Bummeln ein. Die Hamburger Straße war ein Schmuckstück, aber jenseits von ihr existierten die verwinkelten Arbeiterwohnlöcher, zumeist am Anfang des Jahrhunderts gebaut, weiter, in denen das Proletariat der Hansestadt eher hauste denn wohnte. Diese Elendsquartiere waren einst die Brutstätte wütender Proteste gewesen, hier hatte 1923 der kommunistische Aufstand begonnen, an dem auch mein Vater teilgenommen hatte. Von den Barmbeker Jungs wurde gesagt, dass sie sich gern schlugen und nie vor Angst wegliefen. «Barmbek basch», nannte man die sprichwörtliche Rüpelhaftigkeit der Barmbeker, wobei «basch» aus dem Plattdeutschen mit «derb» übersetzt werden kann. «Barmbek basch» beschrieb eine Mischung aus Frechheit, Mut und Gewitztheit. Jetzt, zwanzig Jahre später, galt indes die Parole: «Die Hauptstadt von Hamburg ist Karstadt!»

Wie war das gemeint? Das beeindruckendste Gebäude in der Hamburger Straße war der Art-déco-Bau des Karstadt-Kaufhauses, des größten dieser Art in der Stadt, 1928 von Rudolph Karstadt eröffnet und 1940 von den Nazis als C&A Brenninkmeijer «arisiert». Auch wir gingen gern hier einkaufen, wenn wir es uns mal leisten konnten. 370 Barmbeker hatten sich in jener Nacht vom 29. auf den 30. Juli in den geräumigen «öffentlichen Schutzraum» unter dem Kaufhaus geflüchtet, außerdem gab es noch einen «Personalbunker» für die Angestellten. Auf dem Dach waren Flak und Suchscheinwerfer stationiert. Kurz nach 1 Uhr fiel eine erste Sprengbombe in den Lichthof des Gebäudekomplexes, wenig später eine zweite. Zwei Bomben genügten, um ein Inferno auszulösen. Nach zehn Minuten stürzte ein Gebäudeteil an der damaligen Rönnheidstraße ein. Später brach die zweite Gebäudefront zusammen und verschüttete den Eingang zum Luftschutzkeller. Alle 370 Menschen darin erstickten qualvoll. Und nicht nur das, die ganze Hamburger Straße war nur noch ein Steintrümmerfeld. Fast 1200 Menschen, die sich in den «Personalbunker» geflohen hatten, konnten indes am Morgen des folgenden Tages gerettet werden. Die Angriffe jener Nacht haben Barmbek gebrochen. Lebten im Jahr 1939 noch mehr als 223 000 Einwohner in diesem vergleichsweise riesigen Stadtteil der Hansestadt, so ergab eine Zählung 1944 gerade noch 15 000 Einwohner.

Auch das südlich an Barmbek grenzende Eilbek war ausgelöscht worden. In Eilbek hatte ich einen Teil meiner Kindheit verlebt, auch unser vormaliges Haus in der Papenstraße 130 lag in Trümmern. Gegenüber in der Schule am Roßberg hatte ich meine Schulzeit verbracht, auch sie war zerstört, es standen nur noch die ausgebrannten Außenmauern. In Eilbek lebten viele bekannte Hamburger. Die Schule in der Ritterstraße besuchten der legendäre Kommunistenführer Ernst Thälmann und der beliebte ehemalige Boxweltmeister Max Schmeling, der in der Hasselbrooksraße wohnte. In derselben Straße, etwas weiter östlich, war die Filmdiva Ursula Thieß aufgewachsen, die spätere «Miss Germany», die dann den amerikanischen Filmstar Robert Taylor heiratete und mit ihm nach Hollywood ging.

Was blieb übrig von Eilbek? Nur ein Trümmermeer, soweit das Auge reichte! Lizzy, Vaters neue Lebensgefährtin, überlebte, auch Ursula Thieß, aber ein Schulfreund von mir, der am Roßberg wohnte, war verschüttet worden. Und als sie ihn viele Stunden später bergen konnten, war er erblindet. Das ganze Umfeld meiner Kindheit war ausgelöscht. Die Großbäckerei Julius Busch, wo es immer so schön nach frischen Rundstücken roch, wie wir Hamburger unsere Brötchen nennen, war nur noch ein Trümmerhaufen. Unser Krämerladen mit den vielen Schubladen, in dem ich vom Verkäufer immer ein Lutschbonbon bekam, ein Gebirge aus Schutt und Steinen. Ebenso die Eisdiele, in der das Eis mit einem Holzspachtel aus dem Kübel gekratzt und auf die Kekstüte gestrichen wurde. Was mag mit dem netten alten Herrn in seinem Tabakladen geschehen sein? Dort hatte ich für meinen Vater immer drei Zigaretten der Billigmarke Schwarz/Weiß für fünf Pfennig geholt.

Somit war die ganze Gegend von Hohenfelde bis nach Wandsbek, etwas mehr als fünf Kilometer weit, ein einziges Meer der Verwüstung. Eine Kirche war vollständig zerbombt, eine andere hatte keinen Turm mehr. Nicht wenige Hamburger dachten in dieser Nacht: Brauchen wir noch Kirchen? Kann es einen Gott geben, der so etwas zulässt? Es gibt keinen Gott und wir brauchen auch keine Kirchen mehr.

Doch jene, die ihren Glauben noch nicht verloren hatten, schöpften Kraft zum Beispiel aus der Tatsache, dass der fast 150 Meter hohe Kirchturm der Hauptkirche St. Nikolai auch nach dem dritten Großangriff ungebrochen und trotzig in den Hamburger Himmel ragte. Er war 70 Jahre vor «Gomorrha» nach einem Plan des Londoner Architekten George Gilbert Scott fertiggestellt worden und galt für ein paar Jahre als höchstes Bauwerk der Welt. Dieser Gigant stürzte auch nicht ein, als das Kirchenschiff schwer getroffen wurde und das Dach verlor. Noch heute steht dieses Gebäude als Mahnmal und erinnert an Hamburgs schwerste Zeit.

Da, wo ich die Nacht verbrachte, im Ruinenkeller in Hammerbrook unweit unseres zerstörten Wohnhauses, fielen in dieser Nacht keine Bomben. Es stand ohnehin nichts mehr. Auch am nächsten Morgen wurde es wieder nicht hell, obwohl es schon weit nach 9 Uhr war. Das Erste, was mir einfiel, war Hermann, der an diesem Tag seinen 16. Geburtstag hatte. «Ich wünsch dir alles Gute, großer Bruder, wo immer du bist …», sprach ich leise vor mich hin und weinte. Im Nordosten der Stadt wüteten zahllose Feuer. Auf dem Weg zu einer Verpflegungsstelle, es gab jetzt in vielen Stadtteilen welche, begegnete ich einem Trupp von KZ-Häftlingen in gestreifter Kleidung, flankiert von Bewaffneten. Sie waren für Aufräumarbeiten abkommandiert worden, es waren jämmerliche Gestalten, vermutlich aus den Konzentrationslagern Neuengamme oder Fuhlsbüttel.

Ich machte mich auf den Weg zum Haus meines Großvaters in dem Teil der Hammerbrookstraße, der zum eher bürgerlichen Stadtteil St. Georg gehörte. Aber der schöne Gründerzeitbau, in dem mein Opa Schill in seinem Wintergarten im dritten Stock so gern gesessen und geschneidert hatte, war ebenfalls komplett zerstört. Ich hatte keine Ahnung, wo mein Großvater geblieben war. Die ganze Straße war vernichtet, auch die Häuser gegenüber. In einem davon hatte, als Opa noch jünger war, ein kleines Mädchen gewohnt, welches Hannelore Glaser hieß. Ich weiß nicht, ob die kleine Hannelore diesen Schneidermeister quer über die Straße, durch die einst die Straßenbahn fuhr, je beim Arbeiten beobachtet hat. Jedenfalls wurde das kleine Mädchen noch während des Krieges eine Lehrerin – sie war die erste Klassenlehrerin meiner späteren Frau und an Jahren nicht viel älter als ihre Schülerinnen. Wir besitzen noch Fotos aus dieser Zeit. Deutschlandweit bekannt wurde Hannelore Glaser später als Loki Schmidt, die Frau an der Seite des Bundeskanzlers Helmut Schmidt.

Als ich in jenen Tagen durch die Hammerbrookstraße ging, wurde mir schnell klar, dass es aussichtslos war, hier nach Opa zu suchen, dem letzten mir verbliebenen Verwandten neben Tante Olga in der Stadt. Lizzy fiel mir in dieser Situation gar nicht ein, sie war seit der Einberufung meines Vaters aus meinem Leben verschwunden. Zudem hatte sie ja noch ihre Schwester Käthe und den reichen Opa, der einst Honorarkonsul in Ostafrika war. Erst später erfuhr ich, dass ihre Straße auch zerstört worden war, sie aber alles gut überstanden hatte.

In diesem Chaos war es unmöglich, Menschen ausfindig zu machen. Alles dauerte Wochen. Und diese Zeit hatte ich nicht. Also ging ich wieder zur Verpflegungsstelle. Die Helfer dort kannten mich schon und rieten mir, in das Hauptgebäude der Hamburger Uni gegenüber dem Dammtor-Bahnhof zu gehen. Da könne man mir weiterhelfen. Also ging ich hin. «Junge, wo und wann bist du denn ausgebombt worden? Hast du noch Verwandte in Hamburg, wo sind denn deine Eltern?», wurde ich gefragt.

Geduldig erklärte ich alles. «Können Sie mir nicht bei der Suche nach meinem Bruder Hermann helfen? Ich weiß, dass er noch lebt. Er hat übrigens heute Geburtstag», sagte ich.

Doch wen interessierte das schon. «Das ist nicht unsere

Sache», bekam ich zur Antwort. Die Menschen wirkten angesichts des massenhaften Elends kalt und verhärmt.

«Können Sie mir zumindest eine Fahrkarte ausstellen, damit ich nach Brünn zu meiner Mutter fahren kann?», schob ich hinterher.

Da legte er mir einen Fragebogen hin und sagte: «Füll das aus!»

Ich bekam einen sogenannten «Durchlass-Schein», ohne den man in das sogenannte Reichsprotektorat nicht einreisen durfte, und erhielt eine Fahrkarte der Reichsbahn nach Tischnowitz bei Brünn in Mähren, wohin man Helmut «dienstverpflichtet» hatte. Auch eine große Lebensmittelkarte für sieben Tage wurde mir gegeben. Damit konnte man Köstlichkeiten beziehen, die schon lange nur schwer zu bekommen waren: Zigaretten, Schokolade, Kaffee, Butter und manches mehr. Zumindest theoretisch, denn es musste ja auch noch bezahlt werden.

Also fragte ich: «Kann ich nicht etwas Geld bekommen?»

«Nein, hier nicht», hieß es. «Du hast ja an der Verpflegungsstelle Moorweide genug zu essen bekommen, das muss erst mal reichen. Wende dich dann an die Bahnhofskommission, wenn du dort ankommst.»

«Aber ich bekomme ja für die Lebensmittelkarte nichts, wenn ich kein Geld habe», wandte ich nochmals schüchtern ein. «Gib die Karte später deinen Eltern, beim Roten Kreuz bekommst du Essen. Und nun marschier ab, Schluss jetzt, schlag hier keine Wurzeln, es warten noch andere Leute, die versorgt werden müssen», sprach der Mitarbeiter der Versorgungsstelle und schob mich beiseite.

Nichts wie weg

«Alle Deutschen werden für Hitlers Abenteuer bezahlen,
ob wir die Nazis mögen oder hassen.»

Helmut Kruschak, als Flugzeugspezialist in Mähren

Im Krieg wurden Grundrechte wie die Personenfreizügigkeit und die Niederlassungsfreiheit außer Kraft gesetzt. Wer also in jenen Tagen Hamburg verlassen wollte, benötigte eine «Abreisebescheinigung». Wollte man lediglich zu Oma und Opa nach Bad Segeberg ziehen, war eigentlich eine «Verwandten-Meldekarte» nötig. Doch in der Realität gab es nach diesen schrecklichen zehn Tagen im Juli niemanden mehr, der sich um so etwas scherte. Und niemand hielt die Menschen auf, die mit ihren wenigen Habseligkeiten, mit Karren oder Koffern die Straßen verstopften. Die Polizei hatte die Anweisung, «helfend und behutsam» einzugreifen, man befürchtete Zornausbrüche der traumatisierten Menschen. Die großmäuligen Handlanger der NS-Führung waren kleinlaut und zurückhaltend geworden angesichts des Elends, in welches ihr Krieg die eigene Bevölkerung gestürzt hatte. Selbst dienstverpflichtete Männer kehrten in großer Zahl nicht an ihren Arbeitsplatz zurück. Nach den Angriffen meldeten sich bei der Post von 3000 Beamten nur 1200 zurück, beim Haupternährungsamt 900 von 2500. Der Rest, soweit er nicht unter den Opfern war, hatte Hamburg verlassen. Oder war damit beschäftigt, das Weiterleben zu organisieren. Auf der Werft von Blohm & Voss, wo zuvor 9400 Menschen gearbeitet hatten, kamen Anfang August nur 300 zur Schicht. Kaum jemand dachte noch an Arbeit, die Stadt war komplett aus dem Gleichgewicht geraten. Bis zum Spätsommer 1943 sollte die Einwohnerzahl Hamburgs von 1,42 Millionen (vor «Gomorrha») auf 800 000 sinken – so viel wie zuletzt Ende des 19. Jahrhunderts.

Ich ging zum Hauptbahnhof und fragte nach dem nächsten Zug nach Dresden mit Anschluss nach Prag. Vereinzelt fuhren wieder Züge. «Wenn du Glück hast, dann fährt einer zwischen 11 und 12 Uhr nachts. Durch die Luftangriffe kann es aber Verspätungen im Bahnverkehr geben», sagte mir ein Mann am Auskunftsschalter der Deutschen Reichsbahn.

Ich hatte also Zeit und wartete in der Bahnhofshalle. Es war drückend schwül, ein Gewitter lag in der Luft. Eine Stunde vor Mitternacht fuhr dann tatsächlich ein Zug ein, in den stiegen sehr viele Soldaten ein. Auch ein paar Zivilisten waren unter den Passagieren, sie waren ausgebombt worden oder auf der Flucht vor den befürchteten nächsten Angriffen. Ich musste mich in den Waggon hineinquetschen.

Auf einer der Lokomotiven meines Zuges stand geschrieben: «Räder müssen rollen für den Sieg!»

Im Widerspruch zu dieser schmissigen Parole rollten unsere Räder aber nicht sehr lange, wir kamen nicht weit. Schon auf den Elbbrücken hielt der Zug an, weil die Sirenen zu heulen begonnen hatten. Fliegeralarm. Dichtgedrängt saßen wir im Zug und hatten Angst. Wir konnten den Zug nicht verlassen, denn er stand auf dieser Brücke, eine bewegungsunfähige, mit Menschen vollgestopfte Zielscheibe.

«Ich habe mehrere Nächte Bombardierung überlebt, ich will jetzt nicht in diesem blöden Zug sterben», sprach ich leise vor mich hin. Es war der zehnte Tag dieser Operation.

«Verdammt, fahr schon weiter», rief jemand. Wir alle befürchteten, dass die Brücke getroffen würde. Ich bekam eine Panikattacke, rüttelte an der Tür, wollte raus. Ein Soldat bemerkte das und hielt mich zurück: «Wo willst du denn hin? Immer mit der Ruhe, Junge, Abwarten und Tee trinken.»

Das war damals eine sehr gebräuchliche Redewendung. «Es geht gleich weiter», fügte er hinzu.

Und tatsächlich: Als die Flak zu schießen begann, setzte sich der Zug wieder in Bewegung. Wir atmeten auf. «Und ich dachte schon, der Zug fährt erst nach dem Sieg weiter, dann hätte ich wenigstens gleich zu Hause bleiben können. Wird also nichts und ich muss wieder an diese Scheißfront», sagte der Soldat in meine Richtung und zwinkerte mir dabei zu.

Er sagte es nicht einmal leise. Keiner der Umstehenden nahm mehr Notiz davon, wenn Menschen über die desolate Situation des Reiches schimpften. Es war Montag, kurz vor Mitternacht. Hinter uns verschwamm allmählich die verwundete Silhouette dieser Stadt, die man in der hochsommerlichen Dämmerung trotz vorgerückter Stunde noch hatte wahrnehmen können. Sie war dem letzten Großangriff ausgesetzt.

Doch in dieser Nacht war der Wettergott aufseiten der Hamburger. Nach Tagen drückender Schwüle entlud sich ein Gewittersturm über der Stadt, begleitet von Sturzregen. Viele der 740 britischen Bomber mussten bereits auf dem Hinflug abdrehen. Die deutschen Jäger hatten den

«Windows»-Schock überwunden und attackierten die britischen Bomber jetzt wieder erfolgreicher mit Nachtjägern. Die britischen Bomberpulks wurden zu diesem Zeitpunkt noch nicht von eigenen Jägern bis zum Zielort geleitet und beschützt, weil die kleinen, wendigeren Maschinen nicht genug Treibstoff für so lange Flüge mitführen konnten. Das änderte sich erst, als man Zusatztanks anbrachte und auch die britischen Jagdflieger mehr Nutzlast transportieren konnten.

Jene 424 Bomber, die Hamburg in der letzten «Gomorrha»-Nacht tatsächlich erreichten, richteten keine großen Schäden an. Die Statistiken sprechen von 78 Toten.

Insgesamt forderte «Gomorrha» aber zwischen 35 000 und 43 000 Todesopfer. Am Ende gab es auch nicht mehr viel zu zerbomben, 56 Prozent des verfügbaren Wohnraums waren nach zehn Tagen Dauerbombardement vernichtet. In der letzten Nacht traf es die Hamburgische Staatsoper am Gänsemarkt in der Neustadt. Doch davon bekamen wir im Zug nichts mit. Es war ein befreiendes Gefühl, diesen Vorort der Hölle mit seinen Schuttgebirgen, den verzweifelten Menschen und diesen ekelhaften großen Fliegen verlassen zu können. Wir fuhren durch die Lüneburger Heide. Meine Fahrkarte war gültig bis Prag.

Natürlich hatte meine Mutter inzwischen mitbekommen, was Hamburg in den vergangenen zehn Tagen widerfahren war. Das ganze Reich sprach darüber, die Zeitungen waren voll davon, die Beschreibungen waren detailliert. Die Nazis hofften, das Grauen, welches die Hamburger durchlitten, möge Wasser auf die Mühlen des Hasses gegen Deutschlands Feinde sein.

«Das nicht endende Dröhnen der feindlichen Motoren;

das Prasseln und Krachen der Bomben; der Feuersturm der brennenden Häuser, ein Orkan, der Bäume entwurzelte, Mauern umwarf und Wolkenstürme hoch in den Himmel aufsteigen ließ. Die Nacht wurde zum Tag im Feuerschein. Der Tag blieb nachtdunkel unter dem Qualm. Sturzregen bildeten sich aus der Hitze und dem Rauch», beschrieb es die «Hamburger Zeitung» Anfang August in einem Artikel, der mit «Der Kampf um Hamburg, wie er wirklich war» überschrieben war. Wir Hamburger wurden so das zweite Mal betrogen. Zunächst hatte der Krieg, den die Nazis begonnen hatten, dazu geführt, dass wir zum Ziel dieser Bombardierungen geworden waren. Und die Nazis, die sich anmaßten, ganz Europa zu unterwerfen, hatten es nicht vermocht, uns zu schützen. Jetzt spannten sie uns, vor allem das, was wir durchlitten hatten, in ihren Propaganda-Krieg ein. Und missbrauchten uns als Kronzeugen ihrer Ideologie. Natürlich durchblickte ich das damals nicht. Ich dachte nicht nach, warum wir in diese Lage gekommen waren. Wer war schuldig, wer war Täter, wer Opfer? Ich dachte darüber nicht nach. Ich war nur unsäglich müde und fühlte mich innerlich leer.

Völlig erschöpft kam ich gegen Mittag in der Wartehalle des Hauptbahnhofs der damals noch unversehrten sächsischen Landeshauptstadt Dresden an und schlief umgehend auf einer Holzbank sitzend ein. Als ich erwachte, hatte ich wieder furchtbaren Hunger. Irgendjemand hatte mir meine Volksgasmaske gestohlen, die ich neben mir auf die Bank gelegt hatte. Aus irgendeinem unergründlichen Impuls heraus hatte ich sie bis zu diesem Zeitpunkt mit mir herumgeschleppt, obwohl sie mir ja nicht einmal in der Bombennacht wirklich geholfen hatte. Vielleicht hatte ich sie behalten, weil sie das letzte Erinnerungsstück aus meinem alten Leben war, immerhin hatte Opa Schill sie mir gekauft. Jetzt war sie also weg. Und das war auch gut so.

Ich konnte nur mit einem «Urlauberzug», der Soldaten beförderte, weiter nach Prag fahren. Der war aber erst für den späten Abend angekündigt. Für die Lebensmittelkarte allein gab es ja kein Essen, ich benötigte Geld, was ich aber nicht hatte.

Der Rotkreuz-Stützpunkt auf dem Bahnhof war geschlossen. Auf einem Schild an der Tür hieß es: «Nur für Wehrmachtsangehörige». Also ging ich, hungrig wie ich war, zur Bahnhofskommandantur, wo ich eine Fahrkarte nach Prag und den obligatorischen Durchlassschein erhielt. Als der Zug dann endlich abfuhr, dauerte es nicht lange, bis wir Prag erreichten.

Hier ging es ziemlich zügig weiter. Ich erhielt eine Fahrkarte nach Brünn und dazu noch 25 tschechische Kronen, einen 20-Kronen-Schein und fünf Münzen. Auf der Banknote stand der Gegenwert auf Deutsch und Tschechisch, ein Jungengesicht schaute mich an, es sah aus wie Hermann. Komisches Geld, dachte ich.

Die Fahrkarte für die 27 Kilometer lange Anschlussstrecke nach Tischnowitz, wo meine Mutter und mein Stiefvater wohnten, sollte ich in Brünn bekommen. An den Türen des einfahrenden Zuges war zu lesen: «Moravsko-ostravské místní dráhy», Mährische Lokal-Eisenbahn-Gesellschaft. Wir fuhren durch eine traumhaft schöne Mittelgebirgslandschaft. Mir gegenüber saß ein korpulenter Mann, der ein Paket auswickelte, ein Brot und eine Salamiwurst kamen zum Vorschein. Mit Hingabe säbelte er von der Wurst Scheibe um Scheibe ab und schob sie sich zusammen mit einem Stück Brot in den Mund. Mir wurde vor Hunger ganz schlecht. Ich starrte ihn an und konnte gar nicht verstehen, wie er noch Genuss empfinden konnte angesichts meines darbenden Blicks. Doch er sah mich eben nicht an, sein Blick glitt verächtlich an meiner schmutzigen und löchrigen HJ-Uniform herab, er wandte sich dem Fenster zu und kaute genüsslich weiter.

Inzwischen war es Abend. In Brünn meldete ich mich bei der Wehrmachtsdienststelle, die vor allem Fronturlauber betreute. Man händigte mir den Freifahrtschein nach Tischnowitz aus. Die Menschen bestürmten mich mit Fragen: Was ist denn los in Hamburg? Interesse und Anteilnahme am Schicksal der zweitgrößten deutschen Stadt waren sehr groß. Damals war Brünn eine zweisprachige Stadt. Etwa 75 000 der damals 280 000 Bürger waren Deutsche. Es hatten auch etwa 11 000 Juden hier gelebt, die 1943 überwiegend in das Lager Theresienstadt abtransportiert worden waren. Noch um 1900 soll Brünn eine überwiegend von Deutschen besiedelte Stadt gewesen sein. Die Deutschen in Brünn sprachen einen eigenartigen Dialekt, «Brünnerisch» genannt und sehr an das Wiener Deutsch erinnernd.

Man sagte auch, Brünn sei ein Vorort von Wien.

Der nächste Zug nach Tischnowitz sollte erst am nächsten Abend gegen 11 Uhr verkehren. Beim Roten Kreuz erhielt ich endlich etwas zu essen, eine Schüssel mit Erbsensuppe; der gröbste Hunger war nach zwei Terrinen erst mal gestillt. Eine Frau in eleganter Kleidung unterhielt sich gerade mit einem Offizier, als sie mich die Suppe herunterschlingen sah.

Als sie hörte, dass ich aus dem zerbombten Hamburg kam, veranlasste sie am Schalter, dass die Gültigkeit meiner Fahrkarte auf einen Zeitraum von drei Tagen ausgedehnt wurde. Sie tat das alles sehr bestimmt und ohne mich zu fragen. Aber ich war grundsätzlich einverstanden, sie war resolut und wirkte besorgt. Es tat mir gut, einmal umsorgt zu werden. Ein Auto fuhr dann vor, und die Frau, die ein kleines Kind bei sich hatte, schob mich hinein und setzte mir das Kind auf den Schoß. Dann fuhren wir nur eine kurze Strecke durch das Stadtzentrum. Vor dem «Grand Hotel», einem klassizistischen Prachtbau aus hellem Stein, hielt der Wagen und wir gingen hinein. Wir wurden im Hotel ehrfurchtsvoll empfangen. Später erfuhr ich, dass sie die Frau eines Generals war, man kannte sie hier offenbar. In einem Zimmer wurde ein Zusatzbett aufgestellt, zudem trennte man den Schlafraum durch eine «spanische Wand», eine mit Stoff bespannte Trennwand also. Ich stellte keine Fragen, ließ alles mit mir geschehen. Ich fühlte mich seit dem Hamburger Feuersturm wie der Darsteller in einem Film, dem ich gleichzeitig als Zuschauer beiwohnte.

Endlich konnte ich mich einmal richtig ausschlafen. Gegen neun Uhr morgens wachte ich auf, die Frau und das Kind waren schon verschwunden. Komisch, wir hatten kaum miteinander gesprochen, alles war wie in einem Traum. Ich wusch mich und ging hinunter zur Rezeption, wo man mir erklärte, dass alles bezahlt sei und ich erst einmal frühstücken solle, es sei angerichtet. Ein am benachbarten Tisch sitzender Stabszahlmeister der Wehrmacht, ein Hauptmann also, interessierte sich für mein Schicksal. Er bemerkte wohl am Dialekt, dass ich aus Norddeutschland kam. Wir unterhielten uns kurz. Als ich das Hotel verlassen hatte, ging ich in Richtung Straßenbahnhaltestelle, ich wollte zurück zum Bahnhof. Doch ein Auto hielt an, hinten saß der Stabszahlmeister und hieß mich einsteigen. «Wir fahren in die Kaserne und ich gebe dir noch etwas Reiseproviant, einverstanden?» Immerhin wurde ich mal gefragt ... Klar war ich einverstanden. In der Kaserne wurde ich wieder «gefüttert». Dann übergab er mich einem Unteroffizier, der die Vorratskammer leitete. Fourier nannte man diesen Dienst in Österreich, auch in Brünn. Im Vorratsspeicher hingen reihenweise Mettwürste an der Decke, an den Wänden waren wagenradgroße Käselaibe gestapelt. Der Unteroffizier schnitt mir große Scheiben eines herrlich duftenden Brotes ab, bestrich sie dick mit Butter, und ich konnte mir aus der Kammer nehmen, was ich wollte. Es war wie im Schlaraffenland. Ich war das bemitleidenswerte Opfer einer Katastrophe, deren Ausmaße sich allmählich im ganzen Reich herumgesprochen hatten, auch wenn die Verbreitungszeiten damals langsamer, die Informationswege viel weiter waren. Und ich genoss diese Anteilnahme, weil mich das Schicksal bis zu diesem Zeitpunkt wahrlich nicht verwöhnt hatte. Ich konnte in der Kaserne baden, meine verdreckte und zerschlissene HJ-Uniform wurde geflickt und gewaschen, ich fühlte mich allmählich wieder als Mensch. Mir wurde noch ein großes Proviantpaket gepackt. Am Abend bestieg ich dann den Personenzug nach Tischnowitz.

In der Kleinstadt angekommen, ging ich ins Rathaus. Mir war zwar durch das ständige Briefeschreiben eine Adresse bekannt, aber ich wusste nicht, ob sie noch galt und wo ich diese Straße finden sollte. «Familie Kruschak ...?» Eine Mitarbeiterin beschrieb mir den Weg, wusste aber auch nicht genau, ob die Kruschaks da noch wohnten. Selbst ein Hamburger Stadtteil wie St. Georg war größer als diese Kleinstadt. Ich erreichte zu Fuß schnell eine kleine zweigeschossige Villa, davor war ein großer Garten mit Obstbäumen, an denen prall die roten Kirschen hingen. Ich klingelte, doch niemand öffnete. Gelangweilt, aber magisch angezogen von den roten Kirschen kletterte ich auf den Baumstamm und erntete einige Früchte, bis ein Geschrei losging. «Mach dass wegkommen, Zijeuner …», schimpfte eine Frau in gebrochenem Deutsch und wedelte mit einem Besenstiel.

Ich rannte in Richtung Gartentor und wäre beinahe über eine weitere Frau gestolpert, die gerade die Pforte öffnete. Es war meine Mutter. «Günter!», rief sie und nahm mich in den Arm. Und dann folgte die Frage, vor der ich mich gefürchtet hatte, die ganze Fahrt lang. «Wo ist denn der Hermann?», rief sie nach einem Moment der Besinnung. Sie schaute mich an, sah die dicken Tränen, die aus meinen Augen kullerten.

«Ihr wart doch zusammen … nicht?», sagte sie, ihr Gesichtsausdruck wechselte von Freude in Entsetzen. Ihr Gesicht schien zu gefrieren, sie rang nach Worten. Dann schüttelte sie mich, schrie mich an: «Sag mir, wo ist Hermann?»

Ich konnte nicht mehr reden. Und sie hatte wohl intuitiv gespürt, dass etwas sehr Schreckliches passiert sein musste.

In dem Haus mit den Kirschbäumen im Vorgarten hatten die Kruschaks bis vor ein paar Wochen gewohnt. Eher zufällig war meine Mutter kurze Zeit nach mir ebenfalls im Rathaus gewesen, und die Mitarbeiterin, die eben mit mir gesprochen hatte, hatte meine Mutter informiert, dass da ein Junge nach ihr suchte und wohin sie ihn geschickt hatte.

Zusammen gingen wir jetzt in einen Vorort der Stadt, wo die Kruschaks in einer Villa wohnten, die einst dem jüdischen Rechtsanwalt Dr. Kummer aus Prag als Landsitz gedient hatte, aber man hatte ihn enteignet. Das Haus hatte drei Zimmer, Küche, Bad und einen großen Garten. Tischnowitz, malerisch gebettet in eine sanfte Mittelgebirgslandschaft und von Wald umgeben, wirkte verschlafen und vom Kriegsgeschehen völlig unberührt.

Im Haus empfing uns Helmut Kruschak, die beiden Lütten Helma und Jürgen klammerten sich an mich, riefen «Günter, Günter» und zerrten die ganze Zeit an mir herum. Auch einige Hamburger Arbeitskollegen waren da. Alle fragten durcheinander und redeten auf mich ein: «Wird bei Klöckner noch gearbeitet?» Und: «Ich wohne in Barmbek, ist das auch betroffen?», «Steht der Michel noch?» …

Die meisten Fragen konnte ich nicht beantworten, sosehr ich mir auch Mühe gab. Bis meine Mutter sagte: «Schluss jetzt, lasst den Jungen zufrieden, er braucht seine Ruhe!»

Irgendwann sagte sie entschlossen: «Ich fahre nach Hamburg. Ich will wissen, was Hermann zugestoßen ist und was mit unserer Wohnung geschehen ist. Dann könnt ihr weiterfragen. Raus jetzt, geht nach Hause!»

Helmut Kruschak war der unerschrockene Kommunist geblieben, der seine Überzeugung nicht aufgegeben hatte. Er fühlte sich hier in Mähren, jenseits der Reichsgrenzen, vor den strengen Augen des NS-Regimes wohl etwas sicherer. Außerdem genoss er es, durch seine beruflichen Spezialkenntnisse privilegiert zu sein. Der Mann war nicht hochgebildet, aber ein wahrer Überlebenskünstler, der stets wusste, wie er über die Runden kam. Nachdem Helmut und seine Kollegen die tschechischen Arbeiter angelernt hatten, erhielten viele Deutsche den Einberufungsbefehl zur Wehrmacht. Nur hochqualifizierte Facharbeiter durften bleiben – Helmut war einer von ihnen. «UK» lauteten die magischen Buchstaben, die einem den Krieg ersparten – «unabkömmlich». Wer «UK» war, brauchte keine Uniform anzuziehen.

Helmut Kruschak arbeitete im Klöckner-Werk in Gurein, damals eine Kleinstadt von nicht einmal 10 000 Einwohnern. Heute hat Kuřim, so der tschechische Name des Ortes, etwa 1000 Einwohner mehr. Die rund elf Kilometer bis zur Arbeit musste er täglich mit dem Zug fahren, Gurein lag von Tischnowitz aus in Richtung Brünn. Er arbeitete in drei Schichten. Das Klöckner-Flugzeugmotoren-Werk lag nahe der Trasse der seit 1939 geplanten Reichsautobahn Breslau–Wien, westlich von Gurein bei der Ortschaft Moravské Knínice (deutsch Mährisch Kinitz). Produziert wurden dort zunächst, wie schon an anderer Stelle des Buches beschrieben, BMW-801C-Motoren für die deutschen Jäger Focke-Wulf 190, später auch Daimler-Benz-DB-605-Motoren und Junkers-Strahltriebwerke. Die Produktionsanlagen wurden permanent ausgebaut. Später, da waren wir bereits wieder zurück nach Hamburg gezogen, wurden Teile der «Wiener Neustädter Flugzeugwerke» nach Gurein ausgelagert, weil die alliierten Bombardements im Reichsgebiet zunahmen. Unter den Projektnamen «Diana» und «Aximit» wurden in Mähren die deutschen Standard-Jagdflugzeuge Bf Messerschmitt 109 G10 und G14 in größerer Stückzahl von 850 Maschinen gebaut, bis die Alliierten am

25. August 1944 und einen Tag später sowjetische Flugzeuge dem Klöckner-Werk schwer zusetzten.

In Hamburg hatte Helmut seit 1936 für die Klöckner-Werke gearbeitet. Weil er für das Unternehmen sehr wichtig war, hatte man ihm sogar eine preisgünstige Werkswohnung im Stadtteil Billbrook angeboten, wie er mir in Tischnowitz erzählte. «Deine Mutter und ich haben uns aber dann für die Wohnung am Nagelsweg entschieden, weil die sehr modern ausgestattet war.» Und ich dachte: Hätten sie sich mal für Billbrook entschieden, dann wäre Hermann vermutlich noch am Leben. Tatsächlich steht der Häuserblock in Billbrook noch heute.

In den folgenden Wochen setzte meine Mutter alles in Bewegung, um irgendwie nach Hamburg zu kommen. Doch so einfach war das nicht. Sie bekam vorerst keinen «Durchlassschein» für die Fahrt ins Reich. «Diese Nazis mit ihrem Scheißkrieg, nun ist mein Kind wohl tot und meine Wohnung in Dutt (hamburgisch für kaputt)», schimpfte sie laut auf dem Amt.

Und weil sie die Frau eines hochangesehenen Flugzeug-Spezialisten war, zudem als Hamburgerin schwere persönliche Schicksalsschläge hinzunehmen hatte, wurde ihr manch loser Spruch nachgesehen.

Am 20. August durfte sie endlich fahren. In Hamburg kehrte einen Monat nach «Gomorrha» allmählich das Leben zurück, in die Gebirge aus Ziegelbruch und Schutt fräste man Pässe und Schluchten. In der gleichgeschalteten «Hamburger Zeitung» wurde Zuversicht verbreitet. «Du lebst, Hamburg», war da Mitte August zu lesen, «mit ungebrochenem Mut und zäher hanseatischer Tatkraft in deinem schwer getroffenen Körper».

Die Behörden versuchten, das Grauen bürokratisch zu erfassen. Beim Hamburger Einwohnermeldeamt bekam Mutter eine Karte mit dem Vermerk «Totalschaden». Einige Einrichtungsgegenstände erhielt sie sofort, auch Bekleidung für mich. Hauptzweck ihrer Fahrt in die Heimat war jedoch die Suche nach Hermann. Und das erwies sich als große Herausforderung. Hammerbrook und Rothenburgsort waren noch immer Sperrgebiet und wurden später sogar mit losen, aufgeschichteten Ziegeln eingemauert. «Betreten verboten», stand darauf. Man erklärte ihr, dass das wegen der Seuchengefahr notwendig sei, weil viele Leichen noch nicht geborgen worden waren.

Hans Brunswig, 1943 Major der Feuerschutzpolizei und später ein Chronist des Hamburger Feuersturms, beschrieb, dass fast ganz Hammerbrook westlich des Heidenkampsweges mit einem Zerstörungsgrad von über 90 Prozent vom Räumungsprogramm zunächst ausgespart und zum «Sperrgebiet» erklärt wurde, um die verkehrs- und lebenswichtigen Bezirke vorziehen zu können. Anlass zu dieser Maßnahme sollen vor allem einige schwere Unfälle durch Mauereinstürze gewesen sein, die sich bei der oft genug verzweifelten Suche von Angehörigen in den Trümmern ereigneten. Seuchengefahr hätte jedoch nie wirklich bestanden, mit ausreichend Chlorkalk und Lysol ging man bei der Sommerhitze gegen den Verwesungsgeruch der Leichen vor, die dann auf dem Friedhof Ohlsdorf in Massengräbern schnell beerdigt wurden. Mit Sonderrationen wurden Häftlinge aus dem Gefängnis Fuhlsbüttel und dem KZ Neuengamme für diese grausamen Arbeiten geworben.

An was ich aber noch erinnere, sind die schrecklichen Fliegen, die nach den Bombardierungen die Stadt heimsuchten. Sie wurden im Unrat geboren, es gab ja keine Müllabfuhr mehr. Tausende von in den Keller zerborstenen Einmachgläsern, verfaulende Frisch-Vorräte in den Häusern, Unrat, verstopfte Toiletten, leckende Wasserleitungen und – vermutlich auch – verwesende Leichen bildeten bei diesen Hochsommertemperaturen den reichlichen Nährboden. Hamburg stank penetrant nach Fäulnis. Mit ihren grün-blau-golden schimmernden Leibern attackierten sie uns, die Überlebenden, schwirrend, brummend, ekelhaft. Sie flogen uns ins Gesicht, labten sich an dem wenigen, das wir aßen. Und wir hatten kaum die Kraft, uns dieser nervtötenden Plagegeister zu erwehren.

In den ganz oder teilweise verschonten Stadtteilen richtete der Suchdienst des Roten Kreuzes Büros ein. Das waren die ersten Anlaufstellen meiner Mutter. Damit war Hermann zumindest erstmals als «verschollen» registriert und es wurde eine Suchkartei angelegt. Falls er noch lebte, die Wahrscheinlichkeit war äußerst gering, dann könnten er oder wir informiert werden. Immerhin bestand die Chance, dass er in einem der Krankenhäuser lag, bewegungsunfähig oder so. Der Umgang mit den Bombenopfern war nicht gerade feinfühlig. «Beruhigen Sie sich mal, Sie sind nicht die Einzige, die Angehörige sucht. Wir sind schließlich keine Hellseher. Bitte verlassen Sie die Dienststelle, es warten noch mehr Leute hier», musste sie sich auf der Behörde anhören, wie sie uns später berichtete. Auch erhielt sie eine Karte, auf der bestätigt wurde, dass ich, ihr Sohn also, als Ausgebombter einen Totalschaden erlitten hatte und somit Anspruch auf Sonderzuteilungen in Form von Kleidung und Gebrauchsgegenständen hätte. Als sie, inzwischen nach Mähren zurückgekehrt, uns davon berichtete, intervenierte die kleine Helma: «Bekomme ich jetzt auch eine neue Puppenstube? Die ist doch auch verbrannt ...»

Mutti traf auf dem Hauptbahnhof ihre Freundin Irmgard, beide kannten sich noch aus den Tagen des «Roten Mädchenbundes». Sie trösteten sich gegenseitig, denn Irmgards jüngerer Bruder wurde seit langer Zeit in Russland «vermisst», was eigentlich nur bedeuten konnte, dass er gefallen war. «Das haben uns die verfluchten Nazis eingebrockt», waren sich beide einig.

Und Mutti lüftete endlich das Geheimnis um Tante Olga, die sie in ihrem 10 Kilometer von der Wohnung entfernten Schrebergarten in der Billbrooker Werner-Siemens-Straße antraf. «Immer wenn es Fliegeralarm gab, habe ich mich auf mein Fahrrad gesetzt und bin in den Garten nach Billbrook gefahren», erzählte Olga ihr. Dort, in einer weitläufigen Schrebergartensiedlung, fühlte sie sich relativ sicher. Denn die Dichte der Bombentreffer war in den urbanen Wohngebieten viel höher. Auf Grünflächen «vergeudeten» die Alliierten ihre Bomben nicht.

Natürlich machte Mutti ihrer Tante Vorwürfe: «Warum hast du den Jungen nicht gesagt, dass du bei Fliegeralarm nie in der Wohnung bleibst? Und warum hast du die Jungen nicht mit in den Garten genommen, da wären sie doch viel sicherer gewesen?» Ich kann mir vorstellen, dass es quälend für Olga gewesen sein muss, sich so etwas anzuhören. Dass Hermann in der Schicksalsnacht losgerannt war, um Tante Olga zu suchen, ich habe es weder Tante Olga noch Mutti je erzählt. Hätte sie das gewusst, wären die Vorwürfe an ihre Tante vermutlich noch heftiger ausgefallen. Und Tante Olga hätte sich vermutlich noch größere Vorwürfe gemacht, als sie das ohnehin schon tat.

Zwei Nächte schlief Mutti bei ihrer Tante im Garten. Sie traf in Hamburg natürlich auch ihren Vater, Opa Schill, der zur Untermiete in einem unzerstörten Haus in der Straße Sechslingspforte wohnte. Er war schwer herzkrank und wurde von seiner ehemaligen Genossin und Mitstreiterin Berta betreut. Sie wohnten auch zusammen. Vermittelt worden war dies durch die als Untergrundorganisation operierende «Rote Hilfe», ein kommunistisches Sozialnetzwerk. Berta war eine kräftige Person mittleren Alters, spielte Gitarre und sang dazu Arbeiterlieder, «Dem Morgenrot entgegen» oder «Der kleine Trompeter». Mochten die Nazis die sozialistischen und kommunistischen Parteien zerschlagen haben, der Geist der Solidarität ihrer Genossen, er wurde unter den einfachen Menschen im Hamburger Osten dennoch gelebt.

Wie ging es mit mir weiter? In Mähren meldete ich mich bei der dortigen Post, bekam eine tschechische Postuniform und trat den Dienst an. Ich musste fleißig postalische Begriffe lernen – auf Tschechisch. Ich bemerkte schnell, dass ich offenbar ein Talent für das Erlernen von Fremdsprachen hatten und freundete mich mit meinen tschechischen Arbeitskollegen an. Mir gefiel das Leben in der schönen Villa am Wald. Ich wäre dort gern eine Ewigkeit geblieben, doch Monate nach meinem Eintreffen redeten die Kruschaks schon wieder über einen Umzug – nach Hamburg. «Wir sollten alles in Bewegung setzen, um so bald wie möglich wieder nach Hamburg zu kommen», sagte mir Helmut, stets weiterblickend als der Rest.

«Aber warum denn, hier ist das Leben doch schön», wendete ich ein.

«Ja, ist es. Aber damit ist es bald vorbei, denn die Front rückt immer näher», sagte Helmut. «Und dann wird hier alles zu Kleinholz gemacht, so ist das nun mal im Krieg», fügte er hinzu. «Und glaube ja nicht, dass unsere tschechischen Nachbarn uns helfen werden. Alle Deutschen werden für Hitlers Abenteuer bezahlen, ob wir die Nazis mögen oder hassen», erklärte er.

Er stellte wenige Tage später auch tatsächlich den Antrag, nach Hamburg zurückzukehren. Weil auch dort Fachkräfte fehlten, wurde ihm eine baldige Genehmigung in Aussicht gestellt.

Eines Tages nahm Helmut mich mit in ein kleines, verschwiegenes Waldlokal. Dort wurde er von den anwesenden Tschechen wie ein Freund mit Schulterklopfen und herzlichem Händedruck begrüßt. Man kannte den «roten Kruschak». Wie ich erfuhr, waren es kommunistische Genossen, ich war zuvor zu strengem Stillschweigen verpflichtet worden. «Das ist eine ernsthafte Sache, also halte dich dran», warnte mich Helmut flüsternd.

Viele der Tschechen sprachen mehr oder weniger gut deutsch. Zuerst redete man ernst, aber je mehr man dem Slibowitz zusprach, der in Mengen ausgeschenkt wurde, desto ausgelassener wurde die Stimmung. Alle sangen «Die Internationale» und andere Arbeiterlieder, die auch ich noch kannte. «Die Rote Armee steht bereits in der Ostslowakei, sie wird bald hier sein», erzählten die tschechischen Genossen.

Ich konnte das gar nicht glauben, aber was wusste ich schon? «Helmut, bleib hier, wir bürgen für dich, wenn die Russen kommen», sagte einer.

Doch davon ließ sich Kruschak nicht überzeugen: «Ne,

das sagt ihr jetzt. Aber wartet mal ab. Wenn das hier zu Ende geht, geht alles drunter und drüber. Und dann wird zwischen den Nazis und ihren Gegnern kein Unterschied mehr gemacht, wenn sie Deutsche sind. Und wer weiß, wo ihr dann seid ...»

Obwohl auch Helmut ziemlich angetrunken war, behielt er die Übersicht: «Lasst uns Schluss machen, Genossen, sonst torkelt nachher jemand von uns durch das Dorf, grölt etwas über die Weltrevolution und wird dann im Knast zum ‹Sprechen› gebracht.»

Das sahen alle ein. Wir verließen die Gaststädte und gingen, uns mit Mühe aufrecht haltend, nach Hause.

Die Rückkehr nach Hamburg wurde im Sommer 1944 genehmigt. Helmut nahm 14 Tage Urlaub mit der Begründung, wegen der Bombenschäden in Hamburg Wohnraum für seine Familie organisieren zu müssen. Und dann saßen er und ich im Zug, und das Land, das da draußen an uns vorbeizog, sah friedlich und unschuldig aus. In Böhmen und Mähren schien der Krieg noch keine sichtbaren Spuren hinterlassen zu haben. Die ersten Anzeichen eines Landes im Ausnahmezustand offenbarten sich uns erst, als wir die deutsche Grenze passierten und es in Richtung Dresden ging. Auf einen flachen Güterwagen, der ans Zugende angekoppelt wurde, war eine Vierlings-Flak montiert worden, eine Fliegerabwehrkanone also. «Immer wieder kommt es zu Angriffen von Tieffliegern auf fahrende Züge. Dann hilft nur noch anhalten, aus dem Zug springen und sich in Sicherheit bringen», erklärte einer der neben uns sitzenden Männer.

«So leicht ist das aber nicht», sagte ein anderer. «Die Flieger kommen meist überraschend von hinten und schießen am Zug entlang, und die Soldaten am Geschütz können gar nicht so schnell reagieren.»

Helmut schaute mich an und sprach beruhigend: «Na, hoffen wir mal, dass es gut geht.»

Es ging auch gut und wir kamen planmäßig nach mehreren Zugwechseln in Hamburg an – fast genau ein Jahr war vergangen, seit ich die Stadt verlassen hatte. Sie war nach den schweren Bombardements vom Juli 1943 keineswegs zur Ruhe gekommen. Bis Mitte 1944 hatte es weitere 39 Luftangriffe mit 3671 Toten und 4319 Verletzten gegeben, wie man heute weiß. Es kam zwar nicht mehr zu diesen massiven Luftangriffen großer Bomberverbände, dafür griffen aber einzelne Tiefflieger den Straßen- und Schienenverkehr an. Die deutsche Luftabwehr hatte die Hoheit über das Reich endgültig verloren, selbst einzelnen alliierten Fliegern drohte kaum noch Gefahr.

Ich war überrascht, wie das Leben diese gebrochene Stadt wieder zurückerobert hatte. In der Innenstadt und im östlichen Hamburg waren die Straßen kilometerlang provisorisch von Trümmern geräumt worden. In die Ruinengebirge waren Straßen gefräst worden. Überall, wo Menschen Schutz finden konnten, wurden Teile der zerstörten Häuser wieder bewohnbar gemacht. Gebaut wurde aber nicht, eher provisorisch instand gesetzt, es erinnerte an «Flickschusterei». Für größere Aufräumarbeiten fehlten in Zeiten des «totalen Krieges» schlicht die Kapazitäten.

Für Helmut aber muss der Anblick Hamburgs schockierend gewesen sein. Er saß mit geöffnetem Mund staunend da und sprach nicht viel. Er hatte Probleme, sein Hamburg wiederzuerkennen. Es muss ihm weh getan haben, zu sehen, was die zu verantworten hatten, vor denen er sein ganzes Leben lang gewarnt hatte.

Wir besuchten Tante Olga in ihrem Schrebergartenhaus. Sie nahm mich in den Arm und drückte mich an sich. Ich spürte, wie unangenehm es ihr war, dass Hermann verschollen war, während sie die Vormundschaft für uns hatte. Auf unserem Fußmarsch zurück in die Stadt sahen wir im Stadtteil Horn einen ausgebrannten Häuserblock, dessen Außenmauern noch standen, ebenso hier und da die Betonplatten der jeweiligen Etagen. In einem Keller richteten wir uns zum Übernachten ein. Wir fanden auch nützliches Gerümpel, zum Beispiel zwei angesengte Matratzen, die aber noch ganz brauchbar waren. Helmut war entschlossen, diesen Ruinenkeller als künftige Wohnung für uns sechs herzurichten – ja, für uns sechs, denn meine Mutter war wieder schwanger. Die Betondecke über dem Keller war intakt. In den beiden Kellerräumen hatte sich wohl die Heizungsanlage für das darüber befindliche Wohnhaus befunden, die jetzt aber demontiert worden war. Niemand wohnte hier. Es gab sogar eine Fensterklappe, die man nur einen Spalt weit öffnen konnte und die außen knapp über dem Niveau des Erdbodens angebracht war. Der sich darüber befindliche Häuserblock, von dem nur noch ein Teil stand, gehörte einer Wohnungsbaugesellschaft. Nur einige Etagen und die Außenwände waren heil. Noch heute gehe ich manchmal an dem Gebäude vorbei. Inzwischen ist diese Fensteröffnung von Gebüsch umwuchert.

Den ganzen Tag lang waren wir damit beschäftigt, unser neues Heim auszubauen. «Das zimmern wir uns noch hübsch zurecht. Die Toiletten sind im Nebenkeller. Schade nur, dass es da keine Toilettenfrau gibt …», meinte Helmut und lachte meckernd.

Während ich unser neues Zuhause «besetzte», ging er zum Klöckner-Werk, um seine Versetzung zu klären. Er nahm auch Kontakt zum Verwalter der Wohnungsbaugesellschaft auf, legte einen Beschäftigungsnachweis vor und stellte den Antrag, die beiden Kellerräume zu beziehen. Das wurde ihm auch später gewährt. Miete wurde übrigens erst verlangt, als die Besitzer 1946 anfingen, den Block zu sanieren.

Am nächsten Morgen fuhr Helmut zurück nach Mähren, um die Familie zu holen. Ich blieb in Hamburg. «Einige Möbel schicke ich dann per Bahnfracht, in spätestens einer Woche komme ich mit der Familie. Und wehe, die Engländer schmeißen uns wieder Bomben auf'n Kopp … hä, hä, hä», lachte er erneut in seiner Ziegenmanier.

Und dann war ich wieder allein, lag auf meiner Matratze, verschiedentlich heulten die Sirenen. Ich hatte beinahe vergessen, wie das klang. Und wie es sich anfühlte, Angst zu haben. Ich schlief beim dumpfen Wummern unserer Acht-Achter ein. Als Problem stellte sich am nächsten Tag die Wasserversorgung heraus. Überall gab es die in der damaligen Zeit üblichen Wasserpumpen mit Handschwengel, auch in unserer neuen Straße. Doch hatte ich kein Gefäß, um das kostbare Nass zu transportieren, und keines, um es aufzubewahren. Ganz in der Nähe gab es aber eine Kleingartenanlage. Ich fragte einen der Bewohner und bekam einen Emaille-Eimer geschenkt; das Wasserproblem war gelöst.

Tags darauf regelte ich die behördlichen Formalitäten. Als 15-Jähriger war ich es mittlerweile gewohnt, Dinge allein zu regeln. Auf dem Meldeschein des Ortsamtes wurde vermerkt: «Günter Lucks, Beim Pachthof Nr. 6 bei Familie Kruschak.» Auch meine Wiedereinstellung beim Postamt Hamburg 1 verlief ohne Schwierigkeiten. Das Gebäude am Hühnerposten war unbeschädigt geblieben, und ich begann meinen Wiedereinstieg im zweiten Lernjahr, wie es bei der Post hieß. Es war Ende August 1944. Ich bekam eine neue Postuniform. Als ich die tschechische abgab, wurde sie von den Kollegen bewundert und bestaunt, als stamme sie aus dem ferneren Afrika.

Selbst bei der HJ meldete ich mich wieder an, bekam das rhombusförmige, rot-weiße HJ-Abzeichen und steckte es an die Jacke. Als ich am nächsten Tag damit zum Dienst kam, wurde ich mitleidig von den Postjungboten belächelt. «Wer trägt denn heute noch so ein Ding, und dann auch noch kurz vor Toresschluss», meinte einer hinter vorgehaltener Hand. Sogar unser früher so zackiger Ausbildungs-Sekretär machte einen eher schlappen Eindruck. Er hatte es aufgegeben, uns vor Dienstbeginn mit seinen markigen, das Weltgeschehen umspannenden Reden zu beehren. Die Hitlerbüste stand jetzt in einer Ecke der Vorhalle. Ich vermisste viele meiner jungen Kollegen, die wohl entweder Soldaten geworden, im Feuersturm umgekommen waren oder Hamburg verlassen hatten. Alles wirkte auf mich ein wenig wie in einer Endzeitstimmung, die Hamburger hatten einfach keine Kraft mehr.

Als ich dann wieder in meinem Kellerloch lag, überkam mich Wehmut. War das wirklich so eine gute Idee, zurück nach Hamburg zu gehen? Hier lebte ich in einem dunklen Keller, in einem Umfeld bestehend aus Ruinen, immer wieder gab es Bombenalarm. Wie so viele Menschen plagte ich mich mit Versorgungsengpässen herum, es fuhren keine Bahnen, fließend Wasser gab es nicht. Ich sehnte mich zurück nach meinem weichen Bett in Mähren, dem herrlichen Garten, der intakten Natur des Umlandes, der guten Versorgungslage, dem völligen Fehlen von Fliegerangriffen. Hier war es dagegen kalt und ungemütlich. Und alles in dieser Stadt erinnerte mich an Hermann, den ich so wahnsinnig vermisste. Ein Jahr war er bereits tot, ein Jahr lang bin ich dieses Gefühl der Einsamkeit nicht losgeworden.

Hier, im Stadtteil Horn, fuhren damals keine Straßenbahnen mehr. Also musste ich die etwa vier Kilometer bis zum Hauptpostamt am Hauptbahnhof jeden Tag zu Fuß laufen. Die Fahrbahn war geräumt, aber links und rechts gesäumt von Gebirgsketten aus Schutt. Vor allem betraf das die Stadtteile Rothenburgsort, Hammerbrook, Barmbek, Eilbek und Wandsbek. Horn, wo sich unser Ruinenkeller befand, war sogar mit einer 1,50 Meter hohen Mauer aus lose aufgeschichteten Ziegelsteinen und Mauerresten abgeriegelt. «Betreten verboten: Seuchengefahr», stand auf Schildern, «Plünderer und Diebe werden erschossen», war in drei Sprachen zu lesen. Dennoch kamen immer noch Schaulustige mit ihren Fahrrädern, Glotzer nannten wir sie, die in die Ruinen starrten, nach nützlichen Dingen suchten und dann abends wieder in ihre heile Welt im Hamburger Westen entschwanden.

Weil ich es satthatte, allein in dem Kellerloch zu hausen, ging ich zu Tante Olga, die mir angeboten hatte, dass ich bei ihr schlafen konnte, wann immer ich wollte. Und ich wollte es schließlich. Vor allem wollte ich nicht mehr allein sein. Wenn Onkel Fiete, ihr Mann und «Zollsoldat» an der niederländischen Grenze Urlaub hatte, sammelte er Ziegelsteine von zerstörten Häusern der Umgebung auf. Das war in ganz Hamburg längst zu einer Art Volkssport geworden. Neues entstand aus den Trümmern des Alten. Er lud die Ziegelsteine in Säcken auf sein Fahrrad, anschließend schob er das Gefährt, denn es war zu schwer, um damit zu fahren. Vierländer Bauern besorgten ihm Zement. Alles ging damals nur über «Beziehungen», man nannte das «Vitamin B». Weil der Gemüseladen am Nagelsweg zerstört war, setzte er hier im Schrebergarten in Billbrook einen Anbau an die kleine Laube. Der war dann das neue Gemüsegeschäft. Auch eine Waage mit Messingschale besorgte er. Aus dem zerstörten Geschäft am Nagelsweg barg er eines Tages noch eine intakte Konservenverschließvorrichtung, viel mehr bedurfte es im neuen Laden nicht.

Fiete grub sogar einen Bunker auf dem Grundstück. Darüber legte er dicke Holzschwellen, auf denen vorher Eisenbahnschienen gelegen hatten. Dann schaufelte er viel Erde darüber. Die Bauern aus dem Umland kannten ihn ja alle und belieferten die Tante mit Gemüse, Kartoffeln und Früchten, soweit vorhanden. Der Umsatz war nicht sehr groß, aber die Tante brauchte ja nur eine Jahrespacht zu zahlen und machte deshalb ein kleines Verkaufsplus, von dem sie lebte. Ich war gern bei ihr. Die Laube hatte zwei Zimmer. In einem standen ein Tisch, drei Stühle und ein altes Sofa. Im anderen Raum befanden sich ein Kleiderschrank und ein Doppelbett. Wenn ich abends bei ihr blieb, schlief die Tante auf dem Sofa und ich hatte das große, weiche Doppelbett für mich. Das war ein Luxus! Tante Olga hatte auch zwei Schafe, aus deren Milch sie manchmal Butter machte. Das war gar nicht so einfach, ich half ihr dabei. Es gab auch einige Hühner und Kaninchen. Einmal kam ein braun uniformierter Herr, registrierte den gesamten Viehbestand und sagte mit drohend erhobenem Zeigefinger: «Wenn ihr die Tiere schlachten wollt, müsst ihr das melden, denn auf Schwarzschlachtungen stehen hohe Strafen.»

In Billbrook gab es einige Kanäle, damit bei Flut das Wasser ablaufen konnte. Dort, auf den Deichen, wuchs das saftigste Gras und ich führte die Schafe dorthin. Mit langen Ketten wurden sie dann an Pfähle gebunden, damit sie uns nicht wegliefen.

Jeden zweiten Tag ging ich zu Helmuts Keller in Horn, um zu schauen, ob alles in Ordnung war. Helmut hatte noch eine intakte Zimmertür gefunden. Er hatte diese mit drei Eisenstangen abgeriegelt und mit Vorhängeschlössern gesichert. Ich bekam dafür die Schlüssel.

Dem Keller gegenüber lag eine moderne, im Stil der frühen 30er Jahre erbaute Schule. Ich erwähne das, obwohl ich die Schule damals kaum beachtete, denn ein ganz besonderer Mensch, der später große Bedeutung in meinem Leben bekommen sollte, ging da täglich ein und aus. Auch diese Schule, damals hieß sie «Ostlandschule», hatte die Bombennächte unbeschadet überstanden. In der großen Turnhalle richtete man ein Kino ein, Filme wurden dort noch bis in die 50er Jahre hinein gezeigt. Von Ende 1944 bis zum Kriegsende gab es in der Schule auch eine Dienststelle der Hitlerjugend. Es war eine Volksschule mit Oberschule, damals sagte man «Oberbau». Sie hatte getrennte Eingänge – einen für Knaben und einen für Mädchen. Auf einem Foto in unserem Familienalbum aus dem Jahr 1944 ist die Mädchenklasse im ersten Schuljahr zu sehen. Daneben steht die Klassenlehrerin, eine gewisse Hannelore Schmidt, die ich an anderer Stelle schon einmal erwähnt habe. Eines der Mädchen auf dem Klassenfoto von Lehrerin «Loki» Schmidt, wie die Gattin von Bundeskanzler Helmut Schmidt später genannt wurde, hieß Doris Heitmann. Sie wurde 1955 meine Frau und ist es bis heute geblieben. Doch damals, als ich im Ruinenkeller gegenüber wohnte, ist sie mir natürlich nie aufgefallen. Ich hatte ja auch andere Sorgen, als mir siebenjährige Schulmädchen anzuschauen. Unsere Leben spielten sich damals in parallelen Universen ab, die nichts miteinander zu tun hatten.

Irgendwann Ende August 1944 kamen dann die Kruschaks endgültig aus Brünn zurück. Ich musste meiner hochschwangeren Mutter bei der täglichen Hausarbeit helfen und konnte vorläufig nicht mehr zu Tante Olga gehen. Helmut baute die «Wohnung» weiter aus, zog Zwischenwände ein, auch dabei half ich.

Unsere Wohnsituation wurde eigentlich ganz erträglich, bis uns der nächste Rückschlag ereilte. Die in Tschechien verladenen Möbel waren auf dem Güterbahnhof von Brünn bei einem der dort eher seltenen Luftangriffe zusammen mit dem ganzen Zug vernichtet worden. Wir standen also mal wieder vor dem Nichts: keine richtige Wohnung, keine Möbel, so gut wie kein Eigentum. Doch Helmut Kruschak erwies sich auch dieses Mal als Überlebenskünstler, als Stehaufmännchen. Er hämmerte und bastelte, und immerhin gelang es ihm, die unterirdische Wasserleitung zu finden. Er besorgte Metallrohre und montierte daran Wasserhähne, die er in den Trümmern fand. Und sorgte so dafür, dass wir im Ruinenkeller eine funktionierende Wasserversorgung hatten!

Aus heutiger Sicht empfinde ich tiefe Dankbarkeit meinem Stiefvater gegenüber, für den es selbstverständlich gewesen war, sich um Hermann und mich zu kümmern. Und ich bewundere ihn für seine Weitsicht. Als Spezialist im Flugzeugbau hat es dieser überzeugte Kommunist verstanden, sich den Kriegseinsatz an der Front zu ersparen. Er konnte natürlich nicht ahnen, dass Hamburg just in jenem Jahr zerstört wurde, als er ins viel ruhigere Tschechien versetzt wurde. Doch noch bevor in Böhmen und Mähren der Krieg zu Ende ging, hatte er sich in weiser Voraussicht für eine Rückkehr nach Hamburg entschieden. Tatsächlich rechneten die Tschechen dort mit den Deutschen blutig ab, allein beim «Brünner Todesmarsch» starben 27 000 Menschen.

Schluss

«Günter, du liest doch noch die ‹Volkszeitung›?»

Letzte Worte meiner Mutter Lieschen Kruschat,
bevor sie 1991 starb

Aus heutiger Sicht kann ich rückblickend sagen: Gomor-
rha war das Ende meiner Kindheit. Bis zu jenen Tagen im
Juli 1943 war ich ein Kind, das auf den Wohnzimmerdielen
mit seinen Elastolinsoldaten spielte. Ich lebte in meiner
Phantasiewelt, wenn ich zum Beispiel auf der Straße laut
die Motorengeräusche von Flugzeugen imitierte und mir
vorstellte, eines der deutschen Fliegerasse zu sein, Werner
Mölders oder Erich Hartmann, im Luftkampf gegen den
Feind. Ich war ein Kindskopf, der die wirklich wichtigen
Entscheidungen seines Lebens seinem älteren Bruder überlassen hatte. Dieses 14-jährige Kind ist zusammen mit
Hermann in jener Bombennacht gestorben. Schlagartig
und über Nacht bin ich erwachsen geworden, musste erwachsen werden. Ein Erwachsener allerdings mit dem Verstand eines Kindes. Ich habe für lange Zeit das Lachen ver-
lernt und hatte auch keine Lust mehr aufs Spielen. Ich war
traumatisiert, ohne es zu wissen.

Wenn man so will, war das halbe Volk traumatisiert,
ohne dass das damals thematisiert oder gar therapiert wurde. Traumatisiert war die Generation der Veteranen des
Ersten Weltkriegs, traumatisiert war ein Großteil der Zivil-
bevölkerung in den Städten, waren die jungen Männer an

der Front, waren Millionen Opfer des Regimes, waren die Menschen in den besetzten Gebieten, waren Verschleppte, Deportierte, Vertriebene, Ausgebombte ... Und niemand wäre damals auf die Idee gekommen, auf Grundlage des Erlebten Krankheitsbilder wie die heute bekannten posttraumatischen Belastungsstörungen (PTBS) zu diagnostizieren. Die Menschen wurden mit ihrer psychischen Last alleingelassen, es wurde kaum darüber gesprochen. Ganze Generationen von Menschen verdrängten, begruben, überspielten Erlebtes. In meiner Erinnerung war die Nachkriegszeit eine Zeit des Schweigens. Niemand hatte das Bedürfnis, über die Vergangenheit zu sprechen. Auch ich nicht. Viele nahmen ihre Erlebnisse mit ins Grab.

Diese kollektive Sprachblockade bekam erstmals in den 60er Jahren Risse und endete meiner Erfahrung nach erst am Ende des vergangenen Jahrhunderts, in den 80er, den 90er Jahren. Für mich endete sie, indem ich begann, Bücher zu schreiben. Zunächst über meine Erlebnisse als ein Kind kommunistischer Eltern, das unbedingt auch den NS-Nachwuchsorganisationen beitreten wollte («Der rote Hitlerjunge») und als Kindersoldat in der Uniform der Waffen-SS («Ich war Hitlers letztes Aufgebot» und «Hitlers vergessene Kinderarmee»).

Zurück in die letzten Kriegstage: Heute weiß ich, dass ich damals seelisch krank war. Die Symptome: Unsicherheit, Angst, Stimmungsschwankungen. Was ich vor allem spürte, war ein tiefes Gefühl der Einsamkeit, ich fühlte mich als Waise, ich hatte keine Familie mehr. Ohne Hermann gab es niemanden, zu dem ich mich wirklich zugehörig fühlte. Mutti hatte ihr neues Leben und war ständig mit den Kleinen beschäftigt. Helmut Kruschak hatte keine wirklich tiefe Beziehung zu mir. Mein Vater war Soldat und nicht in Hamburg. Ich fühlte mich wie eine Last in dieser Familie, in die ich nicht gehörte.

Dieses Gefühl verstärkte sich noch, als am 25. August 1944 der kleine Helmut auf die Welt kam, mein neuer Halbbruder. Da lag dieses pummelige Baby, das wir Hemme nannten. Aus alten Brettern montierte der große Helmut für den kleinen Helmut ein provisorisches Kinderbett. Alles drehte sich um ihn, den neuen, kleinen Menschen. Und ich dachte an Hermann: Einer geht und schon wird der frei gewordene Platz von jemand anderem eingenommen.

In jenen Wochen und Monaten war ich der einsamste Mensch der Welt. Hinzu kam, dass wir in den zwei Keller-räumen ziemlich beengt lebten. Und es war immer dunkel, erst recht, als es Herbst und dann Winter wurde. In solch lichtarmer Umgebung gedeiht manch düsterer Gedanke. Der Gedanke zum Beispiel, Soldat zu werden. Er fraß sich immer tiefer in mein Bewusstsein. Es erschien mir wie eine Lösung für all meine Probleme. Ich träumte davon, endlich in diesen alles verschlingenden Krieg ziehen zu können, etwas wirklich Nützliches zu tun, für meine Familie, fürs Vaterland, für wen auch immer. Es war die logische Kon-sequenz eines Lebens, das ich zunehmend in Uniformen und militärisch strukturierten Organisationen wie der Hit-lerjugend gelebt hatte.

Doch zunächst lebte ich wieder in Hamburg. Die Hitler-jugend war eine Art Familie für mich geworden. Als am 1. August 1944 der Aufstand der polnischen Heimatarmee unter General Tadeusz Bór-Komorowski in Warschau be-gann und anschließend niedergeschlagen wurde, kamen reihenweise jugendliche polnische Kämpfer als Zwangsarbeiter nach Hamburg. Es waren «Kindersoldaten» im Alter von 14 bis 16 Jahren. Wir Hitlerjungen bekamen Kleinkaliber-Gewehre ausgehändigt, die vielleicht martialisch aussahen, aber im Grunde harmlos waren. Damit sollten wir diese jungen Gefangenen bewachen. Mir wurden 25 Jungen zugeteilt, die Bombensplittergräben nah des Hamburger Stadtparks ausheben sollten. Schleichend wurden wir so zu jungen Komparsen in Hitlers verlorenem Krieg.

Ich erinnere mich noch, wie es in jenen Tagen mal wieder Fliegeralarm gab. Wir flüchteten in einen alten steinernen Bunker am Rande des Parks. Tiefflieger rasten über uns hinweg. Wir saßen eng zusammengedrängt, und die polnischen Jungen hätten mich leicht überwältigen können. Sie taten es nicht, sie machten eigentlich gar nichts, als zunächst leise, dann immer stärker anschwellend zu singen. «Jeszcze Polska nie zginęła», «Noch ist Polen nicht verloren», hieß das Lied. Es war einer dieser Gänsehaut-Momente, die man im Leben nie vergisst. Ich fand das Lied, die polnische Nationalhymne, beeindruckend schön. Und es machte uns allen Mut in diesem Moment, auch mir. Das Lied spendete den Jungen Zuversicht und Kraft. Und ihre Lage war ja noch viel bedrückender als meine. Ihre Heimat war zerstört und seit Jahren besetzt, ihre Eltern meist tot, ihnen selbst drohte eine Zukunft wenn nicht unter deutscher, dann unter sowjetischer Besatzung. Einer von ihnen, der der deutschen Sprache mächtig war, fühlte sich berufen, mich aufzurichten, dessen Situation doch eigentlich um einiges besser schien. Er sagte: «Günter, du musst dich verstecken, sonst überlebst du nicht, Kamerad. Deutschland hat den Krieg verloren, glaube mir. Die Russen werden bald da sein.»

Es war das erste Mal, dass ich mich intensiv mit dem Gedanken beschäftigte, dieser Krieg und die ganze Nazi-Herrschaft könnten bald zu Ende sein. Davor hatte ich das nicht für möglich gehalten, trotz der vielen Niederlagen und der bedrückenden Informationen, die wir über Radio aus England empfingen. Ich war ein Kind dieses Systems und hatte geglaubt, der Nationalsozialismus bestimme Deutschlands Geschicke bis ans Ende aller Tage. Wenn in unserer Familie von den Straßenkämpfen zu Zeiten der Weimarer Republik erzählt worden war, wirkte das auf mich wie Erzählungen aus der Zeit des Dreißigjährigen Krieges. Es schien sich in einer anderen Zeit abgespielt zu haben.

Ich ahnte, und diese Ahnung wurde allmählich zur Gewissheit, dass etwas Epochales ins Wanken geriet, dass eine grundlegende Zeitenwende bevorstand. Und trotzdem traf ich im Oktober 1944 eine verhängnisvolle Entscheidung und meldete mich, endlich 16-jährig, zum Dienst im neu geschaffenen Volkssturm. Am 18. Oktober 1944 hatte Goebbels angeordnet, alle «waffenfähigen Männer im Alter von 16 bis 60 Jahren» seien dazu verpflichtet. Es gab also endlich eine Aufgabe für Suchende und Entwurzelte wie mich.

Der trostlose Ruinenkeller, das Gefühl, in diese Familie nicht zu gehören, die schlechte Versorgungslage, dieses ganze triste Leben im zerstörten Hamburg – zusammengenommen trug das alles zu meiner Entscheidung bei. Nichts konnte mich davon abhalten, auch eine drohende Niederlage Deutschlands im Krieg nicht. Ich glaubte damals, den «Kompass meines Lebens» gefunden zu haben. Ich wollte in dieser schweren Stunde, in der sich mein Vaterland befand, etwas Großes, Nützliches vollbringen. Und ich war überzeugt: Hermann hätte genauso gehandelt und wäre unendlich stolz auf mich, dass ich diese kommunistischen Irrungen endlich hinter mir gelassen hätte.

Die Nazi-Propaganda hatte bei mir gewirkt. Meine Vorbilder waren die von den Nazis geschaffenen «Pop-Ikonen» – Utz, ein Jugendlicher, der mit entschlossenem Blick auf Plakaten für den Beitritt zur Waffen-SS warb. Oder der «Hitlerjunge Quex», der den Konflikt mit seinen kommunistischen Eltern suchte und sein Engagement für die Nazis am Ende mit dem Leben bezahlte. War das nicht mein Leben? Ich war in diesen Wintertagen 1944 ernsthaft davon überzeugt, zum ersten Mal in meinem Leben gebraucht zu werden. Auf mich, bislang von niemandem ernst genommen, schien es plötzlich anzukommen. Der Dienst bei der Post war in meinen Augen sinnlos geworden. Was konnte ich da schon bewegen?

Meine Mutter, noch immer fest ihren kommunistischen Idealen verpflichtet, versuchte mir meine Soldatenpläne auszureden. Einmal hat sie mich sogar persönlich aus einer Schule für Unteroffiziersanwärter in Steinau an der Oder zurückgeholt, an der ich mich beworben hatte und wohin ich bereits aufgebrochen war. Doch jetzt, Ende 1944, protestierte sie nur halbherzig. Helmut beruhigte sie: «Der Krieg ist zu Ende. Die Jungen werden ein wenig in der Gegend herummarschieren, in den Kasernen ihre Schießübungen machen. Und dann ist es auch schon vorbei mit Hitlers Krieg und sie schicken alle wieder nach Hause. Als Soldaten sind diese Jungen doch gar nicht zu gebrauchen.»

Der stets so weitsichtige Kruschak sollte dieses Mal irren, denn im Todeskampf empfand das Nazi-Regime keinerlei Skrupel, auch noch Deutschlands Jugend auf dem Schlachtfeld zu opfern. Womöglich war mein Stiefvater

aber auch ein wenig erleichtert, im Haushalt künftig einen
«Esser» weniger mit durchfüttern zu müssen.

Als ich dann am 4. Januar 1945 tatsächlich zur militärischen Ausbildung und zum späteren Fronteinsatz in
Tschechien und Österreich gerufen wurde, verabschiedete
ich mich auch von dem kleinen, inzwischen etwas mehr
als vier Monate alten Baby Helmut, das da zum ersten Mal
lächelte. Es dauerte fünf lange Jahre, bis ich Hamburg, meine Mutter und meine Halbgeschwister wiedersehen sollte.
Nach einem militärischen «Crashkurs», wie man das heute
nennen würde, kassierte die Waffen-SS unseren ganzen
Durchgang ein. Wir, ein Bataillon 15- und 16-Jähriger, wurden mehr schlecht als recht bewaffnet, in viel zu große Uniformen gesteckt und dann gegen die Russen an die Front
nördlich von Wien geworfen. Viele meiner gleichaltrigen
Mitkämpfer, kriegsunerfahren und ängstlich, starben. Andere wollten nach Hause, besorgten sich zivile Sachen und
liefen den Kettenhunden, der Militärpolizei, in die Hände.
Es hagelte Todesurteile.

Wie durch ein Wunder überlebte ich dieses letzte,
mutmaßlich grausamste Kapitel von Hitlers Krieg schwer
verletzt, mit Granatsplittern und Geschossen in Rücken
und Gesäß. Am Tag der Kapitulation lag ich in einem Sani-
tätszug im Niemandsland zwischen Russen und Amerikanern – mehrere Wochen lang. Und hatte am Ende Pech,
geriet in sowjetische Kriegsgefangenschaft, wo mir als Mitglied der Waffen-SS drakonischste Bestrafungen drohten.
Vielleicht lag es an meinem sehr kindlichen Aussehen,
vielleicht an meiner Offenheit – oder ich hatte einfach nur
Glück: Während viele meiner Leidensgenossen die Rache
der Sieger zu spüren bekamen, überlebte ich als 16-Jähri-

ger die schlimmen ersten Monate, wurde zusammen mit vielen Gefangenen in Viehwaggons gesperrt, eine wochenlange Todesfahrt durch Osteuropa bei Eiseskälte fast ohne Versorgung begann.

Es war der Tiefpunkt meines Lebens. Meine fast fünf Jahre während Kriegsgefangenschaft glich einer Odyssee – durch verschiedene sowjetische Lager, aber auch was meine ideologischen Überzeugungen betraf. Gestartet als «Vaterlandsverteidiger», halfen mir meine Erfahrungen im Krieg und in der Gefangenschaft, zurück zu meinen kommunistischen Wurzeln zu finden, besser: zu denen meiner Eltern. Ich schämte mich für das, was während des Krieges im deutschen Namen angerichtet worden war, und hätte mir sogar vorstellen können, in der Sowjetunion zu bleiben. Auch wenn das vor allem an einem gleichaltrigen Mädchen lag, das mich zunächst beobachtete, wie ich, der Kriegsgefangene, Mitte 1949 auf einer Moskauer Baustelle half, Wohnungen zu bauen. Sie hieß Walja, und ich hatte mit ihr eine heimliche, mehrere Monate dauernde Liaison. Ich war verliebt und wollte bei Walja bleiben. Doch für eine Liebe zwischen einem «Faschisten», der ich in den Augen der Sowjets war, und einer Komsomolzin, wie die Mitglieder des kommunistischen Jugendverbandes hießen, gab es so kurz nach dem Krieg und im sich anbahnenden Kalten Krieg einfach keinen Platz. Diese Liebe war «verboten», und ich konnte von Glück sagen, dass ich dafür nicht nach Sibirien geschickt wurde.

Als ich Anfang 1950 nach fünf Jahren Abwesenheit nach Hamburg zurückkehrte, war ich ein anderer Mensch: verliebt, ein überzeugter Marxist und Antifaschist, zudem sehr kritisch der Entwicklung in der noch jungen Bundes-

republik gegenüber eingestellt. Ich hatte, was meine ideologische Überzeugung betraf, eine diametrale Kehrtwende
hingelegt. Und geriet konsequenterweise auch umgehend
in Konflikt mit den britischen Besatzern und den bundes-
deutschen Organen. Ich trat der «Freien Deutschen Jugend»
bei, der Kommunistischen Partei, ich nahm an den von der
DDR ausgerichteten «Jugendweltfestspielen» in Ostberlin
teil und wäre sogar gern nach Moskau zurückgekehrt, hätte ich nicht 1952 meine Frau Doris kennengelernt, mit der
ich bis heute glücklich verheiratet bin.

Und tatsächlich siedelten wir beide mit unserem 1955
geborenen Sohn ein Jahr später in die DDR über – kehrten
aber nach nur eineinhalb Jahren im Braunkohlerevier zutiefst ernüchtert und fluchtartig zurück. Meine Odyssee
war zu Ende, auch was meine Überzeugungen betraf.

Ich wurde ein von Pluralismus und einem liberalen Ge-
sellschaftsmodell überzeugter Demokrat, der fortan seine
Aufgabe darin fand, als Gewerkschafter und Betriebsrat im
Axel-Springer-Verlag für bessere Arbeitsbedingungen und
ganz allgemein für die Arbeitnehmerrechte zu kämpfen.
Bis zu meiner Pensionierung im Jahr 1994.

Doch wie ist es den anderen Menschen aus meiner Familie
nach dem Krieg ergangen?

Für Onkel Fiete endete der Krieg am 9. Mai 1945, als er,
der «Zollsoldat», zurück nach Hamburg kam und zunächst
weiter das neue Heim mit angebautem kleinen Gemüseladen in Billbrook ausbaute. Tante Olga war glücklich, wieder hinter einer Ladentheke zu stehen, nachdem der alte
Laden in der Hammerbrookstraße ja ein Raub der Bomben
geworden war.

Anfang der 60er Jahre, 1962 oder 1963, bezogen die beiden ein neues Gemüsegeschäft in Barmbek. Die Geschäfte liefen so gut, dass Onkel Fiete sich einen Dreirad-Lieferwagen der Harburger Marke «Tempo» leisten konnte. Das hatte aber seine Tücken, wenn man wie Fiete ein nur mäßiger Fahrer war: Weil er zu hektischen Lenkmanövern neigte, schaffte er es, das Dreirad mehrmals umkippen zu lassen. Fluchend stieg er dann aus und richtete es selbst wieder auf. Tante Olga starb 1968 im Alter von 80 Jahren. Ich erinnere mich noch, wie Onkel Fiete nach der Beerdigung in Geesthacht uns, die 20-köpfige Familie, zum «Leichenschmaus» einlud, wie man das damals nannte. Hanseatisch sagte er «Tschüs», dann sahen und hörten wir nie wieder etwas von ihm.

Mein Vater überstand den Krieg glücklicherweise unversehrt. Bei den Kämpfen um die nordfranzösische Stadt Caen im Sommer 1944 geriet er in amerikanische Gefangenschaft und kehrte Anfang 1947 nach Hamburg zurück. Die Wohnung in Hamburg-Eilbek, in der auch wir Jungen lange gelebt hatten, war im Bombenkrieg völlig zerstört worden. Mit seiner Frau Lizzy, geborene von Goedelt, bekam er 1948 eine Tochter, die Eva hieß. Doch die Ehe scheiterte dann, zusammen mit ihrer noch kleinen Tochter folgte Lizzy einem Besatzungssoldaten nach Kanada, dort verliert sich ihre Spur. Ich habe meine Halbschwester leider nie kennengelernt.

Mein Vater heiratete nochmals, ich bekam einen weiteren Halbbruder. Unser Kontakt war sehr unstet, ich sah meinen Vater nach dem Krieg nur zwei Mal, dann verloren sich unsere Wege. Hermann Lucks arbeitete bei einer Hamburger Polizeibehörde und starb 1978 im Alter von 70 Jahren an einem Krebsleiden.

Zu meiner Mutter dagegen brach der Kontakt nie ab.

Sie widmete sich nach dem Krieg ausschließlich dem Haushalt und der Erziehung meiner drei Halbgeschwister Helma, Jürgen und Klein Helmut. Weil ihre Freundin Bringfriede Stoll ihr viel half, konnte sie hin und wieder Halbtagsarbeiten verrichten. Sie hatte eine gute Handschrift, besorgte Büroarbeiten und war auch als Putzarbeiterin tätig, eine Zeitlang auch beim Otto-Versand, der sich damals noch in der Hamburger Burgstraße befand.

Helmut, wir nannten ihn nur «den Alten», begann nach dem Krieg zunächst bei der HHLAG zu arbeiten, der «Hamburger Hafen und Lagerhaus AG». Später wechselte er in verschiedene Metallbetriebe, zuletzt verdiente er als Feinschleifer im Fahrtreppenbau bei Rheinstahl gutes Geld. Bei einer Untersuchung im Krankenhaus bekam er einen Herzinfarkt und starb 1977 65-jährig kurz vor seiner Pensionierung.

Helmut und Mutti waren treue Leser der kommunistischen «Hamburger Volkszeitung», später von «Unsere Zeit» (UZ), der Zeitung der DKP. Doch ihre kommunistischen «Aktivitäten» beschränkten sich nur noch auf das Zeitunglesen, nie wieder traten sie in eine Partei ein. Helmut war überzeugt, für gesellschaftliche Veränderungen mit dem Wahlzettel zu kämpfen, Revolutionen lehnten beide fortan ab.

Meine Mutter lebte nach Helmuts Tod allein in einer Neubauwohnung am Mümmelmannsberg im Hamburger Osten. Als sie Altersbeschwerden bekam, zog sie in ein Altersheim in Reinbek. Wir sorgten dafür, dass sie ein Zimmer mit Bad und Kochnische bekam. Meine Frau Doris und ich besuchten sie immer einmal in der Woche. Zuletzt saß sie im Rollstuhl. Ihre letzten Worte waren: «Günter, du liest doch noch die ‹Volkszeitung›?», womit sie allerdings die an ihre Stelle getretene «Unsere Zeit» meinte. «Klar Mama», sagte ich in Erinnerung an meine Kindheit, obwohl ich sie jahrzehntelang stets Mutti genannt hatte. Sie starb am 2. Juni 1991 im Alter von 82 Jahren.

Hamburgs Bombennächte und die Geschichte meiner Familie, sie haben mich geprägt, sie haben meinem Leben eine andere Richtung gegeben, sie waren stets präsent, doch ich habe jahrzehntelang kaum darüber gesprochen. So ging es vielen Menschen, es waren die Jahre des Schweigens, des Verdrängens, die spät endeten. Für viele zu spät. Erst als Rentner begann ich, meine Geschichte niederzuschreiben und sich ihr in zahlreichen Schulbesuchen und im Rahmen der Hamburger Zeitzeugenbörse zu stellen. Vielleicht hilft das, um den nachfolgenden Generationen verständlich zu machen, was uns in den Jahren meiner Kindheit in den Ruin getrieben hat. Und es hat mir geholfen, meinen politischen Reifeprozess, man kann es meine «ideologische Odyssee» nennen, abzuschließen. Mit meinen 91 Jahren bin ich heute ein zutiefst überzeugter Demokrat, ein Pro-Europäer und ein Kritiker ideologischer Verblendung, egal unter welcher Flagge, mit welchem politischen oder religiösen Anstrich sie daherkommt.

In Hamburg-Hammerbrook, am Südufer vom Mittelkanal, befindet sich ein Gedenkstein für die Opfer der in diesem Buch beschriebenen Bombennächte. Zwei Meter lang, einen Meter breit und circa 60 Zentimeter hoch. Darauf eine Tafel mit der schlichten Inschrift: «1943–1993. Zur Erinnerung an die Bombenopfer im Juli 1943». Sie findet kaum

Beachtung, junge Leute sitzen und liegen gerne darauf und verzehren ihr Pausenbrot, plaudern und scherzen.

Mit einem Fernsehteam fuhren wir dorthin; man wollte meine Erlebnisse im Krieg als Kindersoldat und in der Kriegsgefangenschaft dokumentieren. Man bat die Leute, ihn freizugeben, und dann, während gedreht wurde, schritt ich auf den Stein zu, mit einer weißen Nelke in der Hand. Es ging an die Grenze seelischer Belastung. Als ich die Blume auf den Stein legte, dachte ich an meinen Bruder Hermann und murmelte: «Du hast keine Schuld, dass du dein Versprechen nicht halten konntest, als du damals sagtest: Ich komme gleich wieder, Goschoi.»

Literatur

Bücher über den Bombenkrieg / die Bombardierung Hamburgs:

Brunswig, Hans: Feuersturm über Hamburg, Motorbuch Verlag, 2000

Brunswig, Hans: Feuersturm über Hamburg: Die Luftangriffe auf Hamburg im 2. Weltkrieg und ihre Folgen, Motorbuch Verlag, 2003

Hamburger Abendblatt (Hg.): Operation Gomorrha: Die Dokumentation. Die 17-teilige Serie als Taschenbuch, 2018

Hamburg 1943: Literarische Zeugnisse zum Feuersturm (Deutsch), Fischer Taschenbuch Verlag, 2003

Hanke, Christian und Joachim Paschen: Hamburg im Bombenkrieg 1940–1945. Das Schicksal einer Stadt, Hg. Staatliche Landesbildstelle Hamburg, 2001

Oebel, Peter: Alex: Eine Nachkriegs-Kindheit in Hamburg-Barmbek, adlibri Verlag, 2014

Schaper, Michael (Hg.): Feuersturm – Hamburg 1943. GEO Epoche PANORAMA 12/2018, 1. November 2018

Zimmermann, Jan (Hg.), Erich Andres (Fotograf), Willi Beutler (Fotograf) u.a.: Hamburg. Krieg und Nachkrieg. Fotografien 1939–1949, Junius Verlag 2017

Zimmermann, Jan und Erich Andres: Tod über Hamburg: Fotos und Notizen aus dem «Feuersturm» – 25. Juli bis 1. August 1943», Junius Verlag, 2018

Bücher über den Bombenkrieg allgemein:

Friedrich, Jörg: Der Brand: Deutschland im Bombenkrieg 1940–1945, List Verlag, 2004

Groehler, Olaf: Bombenkrieg gegen Deutschland, Akademie Verlag, 1991

Overy, Richard: Der Bombenkrieg: Europa 1939 bis 1945. Rowohlt Berlin, 2014

Pöhlmann, Markus: «Es war gerade, als würde alles bersten»: Augsburg im Bombenkrieg, Volk Verlag, 2019

Volmerich, Oliver: Als der Feuertod vom Himmel stürzte – Dortmund 1943–1945. Deutsche Städte im Bombenkrieg (Bombardierungsband), Wartberg Verlag, 2013

Sehr gute Quellen über den Bombenkrieg gegen Hamburg sind Serien in den regionalen Tageszeitungen. Beispiele:
«Zehn Tage, die kein Hamburger vergessen kann», von Sven Kummereinke, erschienen im Juli 2018 im «Hamburger Abendblatt»
«Operation Gomorrha vor 75 Jahren. Wie uns der Feuersturm alles nahm», von Olaf Wunder, erschienen in der «Hamburger Morgenpost» im Juli 2018
«Als der Tod über Hamburg kam», von Stefan Grund, erschienen im Juli 2018 in der «Welt»

Bildnachweis